心界

主编

陶妙如　罗静宜　张思航
毛伊健　雷茗轩　尹伊人

编委

彭　婷　冯嘉骏　刘小川　余　果　张敬崇　向胤孝　费文钦　徐久盛
李小现　何鑫威　廖伊静　吴慕尧　袁　卓　郑雅文　刘奥东　曾文鼎
熊天祺　杨潇航　赵柏安　李旺林　李曼奇　谭　依　王　霞　曾琪惠
刘懿轩　刘承熹　刘　澧　张靖汶　李何泽　唐蕴琇　何文馨　侯希雨
何　茜　唐　静　雷铭峥　张熙麟　时　瑞　刘　权　李　斌　肖琪井
陈明涛　彭博文　杨佳来　肖英冬　李岳东　彭浩涵　彭鑫盛　曾　朝
雷建音　邓子豪

湖南教育出版社

图书在版编目(CIP)数据

心界／陶妙如等主编. —长沙：湖南教育出版社，2018. 10
ISBN 978-7-5539-6407-2

Ⅰ. ①心… Ⅱ. ①陶… Ⅲ. ①中学教育-研究 Ⅳ. ①G63

中国版本图书馆 CIP 数据核字(2018)第 228892 号

XINJIE
书　　名　心　界
主　　编　陶妙如　罗静宜　张思航　毛伊健　雷茗轩　尹伊人
责任编辑　廖芬芳
责任校对　鲍艳玲　王怀玉　殷静宇
出版发行　湖南教育出版社(长沙市韶山北路 443 号)
网　　址　www. bakclass. com
微 信 号　贝壳网教育平台
客　　服　0731-85486979
经　　销　湖南省新华书店
印　　刷　湖南雅嘉彩色印刷有限公司
开　　本　710mm×1000mm　16 开
印　　张　18. 75
字　　数　326 000
版　　次　2018 年 10 月第 1 版　2018 年 10 月第 1 次印刷
书　　号　ISBN 978-7-5539-6407-2
定　　价　55. 00 元

如有质量问题，影响阅读，请与湖南教育出版社联系调换。
联系电话：0731-85486723

梦想所及的地方，脚步才能到达

阅读陶老师与孩子们写下的日记和随笔，体会着他们的所见所思，感受着他们的所感所悟，自己的内心也被深深触动了。

书卷中，处处洋溢着纯真和青春。孩子们以不同的形式、从自己的视角、用生动的语言表达了他们对外部世界的理解和感受，反映出他们成长的经历。文字真实而新颖，虽然不免青涩和稚嫩，却真诚而阳光，充满了蓬勃生机 。

国际化教育开阔了学生的视野，提升了格局。大千世界的变化、东西方文化的交汇与碰撞，都会给人带来认识的升华和思维的深化。

好的教育一定会训练学生的独立思考能力。中西方的先贤们不约而同地说过“学而不思则罔”、“我思故我在”。教育的根本目标之一正是鼓励学生勤于思考而不是人云亦云、探究事情的本质而不是囿于表象。在书中，我们可喜地看到了学生们对过往事物和未知世界的种种思考。陶老师一直在鼓励学生们将自己的经历和思考写下来，不断进行反思和总结。这无疑是一个好的方法，相信这种训练会让孩子们受益终身。同时，陶老师深厚的国学底蕴和多年的国际化教育经验，也使得她的点评和指导深受孩子们的欢迎。

更深层次而言，我们从师生的文字中看到了爱。其中，既有师生对祖国、对文化、对生活的热爱，也有师生之间的爱。这种爱，未必荡气回肠，却温暖而隽永，悠远而流长。有人说，教育的本质就是要点亮孩子们心中的那盏灯。我想，那盏灯是要用“爱”来点亮的。毕竟，“教育是根植于爱的”。从师生们点点滴滴的叙述中，我们充分感受到了心的交流和爱的传递。

惟楚有材，于斯为盛。我为我们的学生感到骄傲，为我们的老师感到骄傲，更为我们的学校感到骄傲。学校和师生们的卓越成绩，更让我对自己投身的教育事业充满了希望、充满了信心。

我想，这一批孩子是幸运的。他们生于改革开放的时代，长在快速发展的国家，赶上了一流的学校，碰到了优秀的教师。同样可以说，我们的国家、我们的学校和我们的老师也是幸运的，因为他们拥有了如此可爱的孩子、上进的学子和未来的栋梁之材。

当然，孩子们笔下记载的仅仅是他们青春年华中短短的一段经历，他们还在成长之中，未来的路还很长。作为教育工作者，我们更是肩负责任、使命重大。在此，我希望用安博教育尊崇的文化与同升湖学校的师生们共勉："赢"，战胜自我、追求卓越、不怕失败、传递成功；"信"，遵守规则、讲究诚信、重视信誉、从容自信；"合"，团结合作、善于沟通、乐于助人、宽以待人；"创"，开拓创新、不畏未知、积极进取、心怀梦想；"乐"，胸怀大志、快乐工作、简单纯粹、永葆一颗赤子之心。

少年强，则中国强。中国梦、大国力量，希望在少年身上。追求梦想，扬帆起航，脚步已在路上！

我高兴地接受了陶老师的邀请，写下了以上一点点感想。相信读者们看了这套书，也一定会有自己的收获，我乐意向大家推荐这套书。

最后，就用一首诗作为这篇序言的结束语吧：

师生多彩文章妙，实感真情扑面来。

点点星星心自悟，方方面面眼俱开。

一旗独树无庸碌，四海同升有俊才。

喜看湖湘新一辈，登临国际大平台。

安博教育集团董事长

北京华侨科技创业者协会会长

黄劲博士

2018年4月

时代需要这样的教育

2016年5月，我带孩子来到同升湖，在朋友的引荐下，见到了陶妙如先生。

她微笑着面对孩子，说："请看着我的眼睛回答一个问题，你真想读书吗?"

孩子迟疑了一下，回答："想——"

陶先生依然微笑着说："你刚才思考了一会儿才回答，说明你很慎重。只要你真心想读书，基础差不是问题。不过你得先到国际部张主任那里去，他同意收你，我就有机会带你。"

这年8月，孩子正式来到了同升湖国际部55班，成为陶先生的学生。

开学后，孩子发来网站链接：www. miaoru. com（让爱智慧——陶妙如教育实践活动)，网上每天都有陶先生写的随记或者孩子们的照片，然后是孩子们一天的感受。

等于说几乎每天家长都可以从网上看到自己孩子或者同班其他孩子的情况。这无疑让我们感觉很温馨，只是担心，不知道这能坚持多久。

欣喜的是，尽管老师只是要求有感觉就写，但班级大多数孩子坚持下来了。这得益于陶妙如先生每天根据学生情况开设的话题，以及智慧的点拨。

这样的点燃，这样的点拨，这样的点化，正是我们家长最希望的，也是这个时代教育最需要的。

2017年6月，听孩子说，同学们想将这一年多的师生日记整理出来。老师要孩子们自己整理，权当是一种学术性实践活动。

记得陶先生说过："历史是为有文字、有图片的人记录的，所有的精彩，都是孩子们自己书写的，我只是提供了一块供孩子们自由展示的土地。孩子们，请尽情耕耘、尽情挥洒、尽情演绎吧!"

多么谦卑的话语，却那么温暖，直抵人心。然其立意之高，格局之大，视界之广，智慧之妙，无不令人拍手称绝。

日记是孩子们欣然追梦、精彩纷呈的斑斓画卷，也是陶先生“让爱智慧”、“做温暖的教育”、“敬畏教育”的教育理念和实践方法的有力诠释。

这里“人人渴望成才，人人努力成才，人人皆可成才，人人尽展其才”；这里有“赢信合创乐”，这里有“好身体，好心态，好习惯”；这里“带着慈悲做教育，怀揣敬畏教学生”；这里有比较，有思考，有融合；这里讲知性，讲理性，讲悟性；这里有英文，有国学，还有时事、诗文、《论语》、《易经》；这里的学问听得懂、学得会，更用得上；这里还有陶先生的万能三招——微笑、厚脸皮、拼命，让谁都受益。

这里风华正茂、生机盎然，相信不久的将来，55 班的孩子们都会成为国家栋梁。而我的小孩刘懿轩也一定会是一个快乐的、敢于逆风飞扬的有为青年。

教育是影响灵魂的事业。能决胜千里的永远是内心的力量——那些从心底散发出来的温暖、爱与智慧的正能量。愿陶妙如先生的爱，张修明主任的爱，孙培文校长的爱，黄劲总裁的爱，安博同升的爱，如源头活水，永不干涸地滋润孩子们的心灵。

现在，孩子们整理的书付梓，当是对这个伟大时代的盛赞，对安博同升教育的盛赞，对教师的盛赞，这定会益于无穷学子、家长、教师，乃至整个社会。

我借用梅贻琦先生之语“所谓大学者，非谓有大楼之谓也，有大师之谓也”，作为我写作感言的结尾。

刘晓明

2018 年 3 月 10 日写于广州天河

感恩教育，分享体验

记得学习《最美论语》的时候，陶老师说，“现代版论语”什么时候出来，就看我们的了。我想：如果老师有领先的思想、超前的理念和智慧的方法，还遇见非常前卫的学生，“现代版论语”就出来了。

记得第一天到国际部，我在日记中写下：在没进国际部之前，我只能看见我认识的人；在这之后，我看见了所有人。读了一个星期之后，我写下：55 班的学习风气令我震惊，一是自由不死板，二是竞争不自私，三是紧张不压迫，四是人人都上进！很庆幸，我来到了一个别具一格的学习环境。

我很感恩我遇到的这些可亲可敬的老师。孙培文校长把“好身体，好心态，好习惯”作为学生终身的发展目标，我认为是最健康最本真的人格要求。张修明主任把“中国底色，世界格局”作为我们出国留学的要求，这是在告诫留学生勿忘中华的根。我们的班主任陶妙如先生，我们的陶妈，“会用眼睛看美好，能为家族、国家和世界做贡献”，给出了做人的方法，让我们知道做怎样的人。还是感恩，我遇到了一群超群绝伦的老师。

是什么让我们选择了国际部？

是这里与众不同的教育。

岁月数载，我们感恩安博同升教育，我们是一代有为的学生，我们有责任、有使命要将这里最美好的教育分享给我们身边的人，分享给这个在追求美好生活的社会。

怎样分享？

我们从享受国际部教育两年来写下的三百多万字的日记中，节录了几个时段的内容，整理成《心界》、《丈量》，意在感恩老师，感恩学校，传播老师的教育智慧与思想，传播安博同升教育文化。

此套书由我们55班全体同学和老师一道书写，这既是我们一个有意义的学术性社会实践活动，也是对我们在国内完成的基础教育的一个总结。正如我们的家长刘晓明先生在给我们写的序言中所说：同升湖国际部的教育，是我们家长希望的教育，也是这个时代所需要的教育。

桃李不言，下自成蹊。孔子得以成为孔子，是他弟子的传播；安博同升教育得以成为时代所向往的教育，乃受之培养的一届又一届学子的广泛传播。

同升墨池浸润，笔架大笔如椽！

55班学生　向胤孝

2018年4月26日

每一个人都是时代的缔造者

很少有人幼儿园、小学、初中和高中都是在同一所学校读书的。我是!

在这十几年里，少不了怨言，但也积攒着感谢。母校永远是那个只能自己说不好但是别人说不好就要与之争论的地方。在这里，我积攒着知识，不断武装自己，塑造自己。这里，也构成了我的青春，也许当我老去，回想当年，还是会思念那个青山绿水的地方。

这本书，是同升湖实验学校国际部55班师生的日记实录，它记载着当年我们的所思所想，也记载着当年陶先生对我们的教诲。在探索的道路上，我们磕磕绊绊，却也勇往直前。或许未来很神秘，也充满未知，但是在陶老师的带领下，我们思索，我们设计，铺下自己的路。

对于我们来说，这本书是我们青春的记录，是对我们自己的警戒，它时时提醒我们“当年的你，是这样的”，让我们不停地反问：你的初心，变了吗？对于社会来说，这是中国基础教育的一个缩影。或许不是人人都能像我们这般好运，遇到陶先生这样好的老师，但是它向世界宣告着，中国的老师负责任，有着为社会做贡献的心，能将自己的热血和青春化作社会的养料。中国的老师，绝不会仅仅告诉你几个知识点便走人，他们会不厌其烦地教你如何做人，接受你一切的问题，并与之探究。中国老师，很伟大。对于教育事业来说，这是一部公共的资料，记录着一个班级的成长、老师的引导方式和学生们的所思所想，每一位老师都可以从中借鉴。老师不只是老师，更是生活之友，教学之师，精神之父。对于国家来说，这只是一本普通的教育实录，记录着我们55班莘莘学子的经历，但我们的真诚呈现出我们的力量：这样生长，利生，利师，利家，利国。

这本书，如我所言，是一本教育的实录。如陶先生所言，这是对由古时孔夫子所行所言而形成的《论语》的一种模仿与创新。同学们的能力有限，学识思想也略显稚嫩，只愿奉上这份饱含着稚嫩言语和拳拳之心的情感，为教育、为国家、为世界做出贡献。

人人都要学习，人生而为人正是要对自己所未知的世界进行探索，人之所以有情正是因为人要为社会、集体做出贡献，情是利他，学是利我。把握感情与知识，人类在浩瀚宇宙中蹒跚互助。这是我们蹒跚的路径，是我们所翻越的山，所飘荡的海。

望每个读了这本书的人都有所收获。

55 班学生　毛伊健

2018 年 4 月 30 日

目录

衔接阶段

第一学月

第二学月

第三学月

第四学月

衔接阶段

2016年5月16日

特别的仪式

【妙如随记】>>>

1. 第一照

5月16日，星期一，这是一个特别的日子，国际部第一届衔接班开班了。

清晨，在庄严的升旗仪式后，初中部谢主任与班主任们一道将衔接班的孩子送到了国际部门口，张主任率国际部全体老师在操场上迎接，孙校长及学校行管人员也在送迎中。

登上国际部台阶的那一刹那，所有人华丽转身，电视台胡台长拍下了这珍贵温情的进门第一照！

这，不是刻意！只是心中那刻的一念。

留影后，师生相拥着进入了衔接班临时教室——图书馆305会议室。

孩子们坐定，特别的欢迎会就在热烈的掌声中开始——

2. 送别情

张主任主持说，他今天是正装欢迎，表示这是非常慎重的事情。

初中部谢主任做了“避免余额不足”的寄语。她利用最近网上流行的一个段子打比方，将同学们的提前录取喻为“登录成功”，将同学们的先前努力喻为

“下载成功”，将每位家长的经济支持喻为“支付成功”，那如何避免余额不足呢？她从乔布斯讲到李嘉诚，希望同学们坚持梦想，要做就做最好。她借用马云的经典之言“Today is difficult，tomorrow is more difficult，but the day after tomorrow is beautiful（今天不易，明天更难，但未来终将美好）”赠送给选择在国际部就读的同学们，希望他们实现自己的世界名校梦！

3. 见面礼

张主任代表国际部给55班送了一件特别的礼物——一头红牛，上面刻四个字“天道酬勤”。“这是国际部第一次在中考之前成立这样一个班级，这个班承载了校长、老师很高的期望。现在有请55班的班主任，也是我们学校教科室主任，我们的教育部‘国培计划’专家——陶妙如老师接礼物。”

我作为班主任，上台说道：“我是班主任，有谁愿意当班长的？”四名同学举手：茗轩、鑫威、何茜、文钦。“谢谢，请上台来，我们共同接受。”

赠送礼物后，张主任继续说：“我在为《最美易经》做翻译，55班这个数字在《易经》里对应的卦，叫丰卦，象征丰盈盛大。陶主任对这个卦的建议是‘要保持盛大，应抓住天下光明的时机，明断是非，赶紧做事’。这也是我为什么送一头牛的原因。国际部是多元化人才培养的一个重要的平台。衷心地祝愿大家，也希望这个班，我们的55班成为国际部历史上最引人自豪的班级之一。我相信大家。谢谢！”

4. 绘蓝图

孙校长从好身体、好心态、好习惯“三好”理念的来源讲起，传授了同升的精神。每一个成功的人背后都有很多故事，看人不要只看光鲜的表面，更要看背后的辛苦与付出。他希望我能把这个班带成最牛的班级，并做了如此推介：“选陶主任当班主任是经过了慎重考虑的。一方面，国际部不仅要教英文，更重要的是要培养国家人才，要符合我们习主席的治国理念，把优秀的中国传统文化传播到世界去。她是‘国培’专家，又是在中学开设《易经》的第一人。另一方面，她是学中文的，也一直在学习，她本身就是大家学习的榜样。选她当班主任，也是希望各位向她学习。希望每一个同学抓住机遇，增加自己的影响力。刚刚愿意表现、愿意付出的四名班长候选人，就值得表扬。同学们发奋学习，坚持梦想，一定能成功!”

5. 填色彩

我以“带着灵魂做学生”为主题，开展主题班会，希望孩子们能融合中外优势，成为引领时代的人物。

带着灵魂做学生

——2016年国际部55班第一次班会

提纲及材料分享

滚动播放牛津大学、剑桥大学、哈佛大学、耶鲁大学、斯坦福大学等世界名校的logo和校训，并配文字：从今天起我们换个说法，换种思维，带着灵魂做学生。

思考问题

日本为什么侵华?

原因很多。当时缺少正气是一个方面。敬重爱国者，正气才会浓。

他们错了为什么不道歉，不谢罪?

他们认为亚洲的不满太没有分量，他们可以置之不理。我们应该学会自尊。爱班级，爱国际部，爱学校，爱我中华！维护自己的尊严！未来的世界，将是有涵养有知识而又能将知识转化为资本的人的世界。爱自己，友同学，敬老师，守秩序，创造文明！争取到做人的自由!

什么叫作自由?

在法律规定的范围内，随自己意志活动的权利。领先才有自由。守法才有自由。

怎样维护?

出国的目的是什么?

将来要干什么?

操作思路

◎有目标

有目标和没目标会产生两种截然不同的结果。

《易经》第三卦屯卦建议每个人从开始就要有一个人生规划：先终后始。

我们的班级目标是什么呢？我们的个体目标是什么？我们终身的追求是什么？

引导创建现代化国际标准班。会用眼睛看美好，能为家族、国家和世界做出贡献。

在寄宿制学校，老师有三个作用：生活之友，要帮助学生养成良好的生活习惯，其中卫生习惯很重要；专业之师，要帮助学生养成良好的学习习惯，功底扎实是很关键的，还要养成阅读习惯；精神之导，要帮助学生锻造高贵的人格、卓越的思维，变通创新是很重要的。

师生互问礼仪：起立，立正后眼睛平视前方，面带微笑，老师说“同学们好”，老师向学生鞠躬问好，学生鞠躬回礼“老师好”。这里有一点改变，与古代不同，古代是学生先礼，老师回礼。我个人认为，应该老师先礼，以示尊重，然后学生仿效。所以，在我的课堂，我先礼，学生回礼。

◎有条理

学好中文，掌握英文，贯通数理，会用技术。

培养自主能力，合作能力，计算、整合能力，创新能力。

专心、集中精力上好课，即让课堂最大效益化。课堂笔记就是作业。八人一组，下课就交，组长负责检查听课笔记。

生命珍贵，时间有限，不做重复的事情，利用时间探究新的领域。做好预习。和自己谈一次话（每天一篇日记）。

自主管理班级，协作共进，轮流执政。四人一组，全天全面管理，晚自习时总结，写好班级日记。班长审阅后，将日记的电子稿上传到 www. miaoru. com。学会捕捉亮点。

就餐管理小组：早餐、中餐、晚餐。

就寝管理小组：进寝，寝室长负责制—男生总责制—生活老师；出寝，起床时老师不叫，出寝时老师不喊。

出操管理小组：快、静、齐。

这里有一段话，提醒我们在规定的时间里做该做的事情：I had breakfast. I just did not finish it all in time. I spent too much time talking instead of eating. I should pay more attention to eating more and talking less during meals.

◎有主次

获取有益能量是我们的主要任务！

这包括物质能量、精神能量。

手机的使用：手机是工具。

用明天的要求来指导自己今天的行动。

具体方案

有发展——培养自己的领导力。一个领导者应该眼睛盯住前方，把握现在，思考未来。

有发展——培养自己的创新研究力。

有发展——培养自己的综合力。

人才三境：第一境，“方形模块哲学”；第二境，“圆形缩放哲学”；第三境，“方圆交融哲学”。

二十年后的人才：才华+财能或者说才能+财能。

爱它，就成了圣地！

只要真正有感情地投入，就能抵达我们希望的层次！

祝大家在国际部生活愉悦！让国际部高中三年成为我们杰出人生的起点！

6. 因果论

为什么要这样隆重？因为仪式感给人的意义。

童话《小王子》里有一段对话：

“仪式是什么？”小王子问道。

“这是另一件经常被人们遗忘的事情。”狐狸说，“它就是使某一天与其他日子不同，使某一时刻与其他时刻不同。……”

仪式及仪式感直接牵动的是人们的那份真心、真性情与虔诚，仪式离不开虔诚，虔诚需要依附于仪式。

教育的很多希望就在这些仪式中得以无形地植入。

你正式，他就会规矩；你重视，他就会上心；你真诚，他就会朝着真诚的方向发展。

【学生日记】>>>

值日班长：久盛

五月十六日，一个晴朗无云的日子，同升湖国际部第一届衔接班正式开班了！在国际部张修明主任的主持下，校长孙培文先生、初中部主任谢立英女士和我们可亲可敬的班主任陶妙如先生分别做了讲话。听了在场领导、老师们的讲话后，同学们深受鼓舞，满怀期望地开始了这段新的旅程。

之后，可爱的陶妈给我们上了一堂风趣又有深度的班会课。在班会课上，陶妈首先讲了“如何做一个有灵魂的学生”，她以“汉奸”这个词的起源为例，给我们分析了人品的重要性。陶妈要求我们做爱国、思家、尊亲、重师、友同的学生，要求我们做有创造力、有领导力、有亲和力的现代化国际人才。老师又用《易经》中的卦理鼓励我们，大家听了都振奋不已，充满了对国际部，对新的学习旅程的憧憬与希望。

晚上，同学们在自习时比较认真地完成了当天的作业，大多数同学能很好地用手机查阅自己所需要的资料，完成各科预习任务。

在国际部的第一天，同学们过得开心而又充实。

孙校长寄语：好身体、好心态、好习惯成就好人生。

张主任寄语：中国底色，世界格局。

陶妈寄言：会用眼睛看美好，能为家族、国家和世界做出贡献。

久盛心得：我的心情很激动，除了激动，还是激动。

【再读之悟】>>>

开始的第一刻，我们在国际部的门口拍下了一张集体照。这似乎是在告诉我们，一个新的征途开始了，在不同的迎接仪式之下，我们仿佛成了与众不同的时代开创者。这也告诉我们，我们不一样了。新的开始，新的起点，全新的我们开始新的征途，未来的路由汗水和思索构成。

第一步，树立正确的目标与导向。陶老师用一个当时的网络热议问题开始了迎接班会：为什么日本不道歉呢？这么一个小小的问题却蕴藏着重要的道理。我们都是中国人，我们留学生都是中国在国外的门面。自此，我们明白，我们不只是我们，还代表着我们的国家。我们要实事求是，了解自己的使命，把自己的行为定到更高的高度，与家族、国家、团体连接在一起。这样你将会明白，原来自己如此伟大，也如此重要。陶老师用一个问题就将我们的责任感、使命感提升到了一个新的高度，她设置的阶段性进步就是成长性进步，具有前瞻性而又能落地，让我们乐此不疲。

给予足够的自由的前提是把秩序定好，在框架之下，一切都会有条不紊。手机是把双刃剑，如何把双刃剑玩好，就是给予它明确的定位——工具！为了学习，它就是工具。只有强大的东西才能成为双刃剑，力量从来不重在如何获得，而在于如何控制。准用手机，陶老师确实与众不同。

伊健

2018 年 3 月

2016 年 5 月 17 日

一张走师制课表

【妙如随记】>>>

1. 走师制

这张课表，是国际部教务办刘念主管编制的，当然这个主意是我和张主任一道想出来的。大家都觉得是个很好的方案。每周每位老师只为这个班上一节课，能确保每堂课都精彩。我把这种方式叫作走师制，还有录像机在实录，为以后的教学积累原始参考资料。

这样既能解决我们每个学校在做衔接班时师资不足的问题，每个老师一周增加一节课，不是负担，又改变了某门学科长期由一个老师教的单调模式，新鲜又刺激，学生思维得到风暴式冲击，他们可以快速地学会适应，潜在能力得到可持续性发展。

这种形式，大受学生欢迎。

2. 三界论

为什么会这样来策划呢？

我们认为，教育务必开三界：眼界、心界、境界。当然，这与佛教三界不同，这是教育三界。眼界是心界的基础，心界是境界的基础。“枉将眼界疑心界，不见中宵气浩然”，苏辙在《古北口道中呈同事》诗中早就表达得非常明白。

选课走班、分层走班，是教育发展到一定阶段必然选择的形式，但这两个概念是不同的。选课走班是学生可以选择学习内容的一种方式，分层走班是根据学生的学习基础、接受能力而设置的一种因材施教的方式。基础教育阶段是奠基阶段，主要应采用分层教学，让每一个孩子都得到最好的发展。衔接阶段，因课程以衔接为主，是知识性、趣味性、思辨性、自主探究性融为一体的教学定位，孩子们在这一阶段，倾情投入，自然可以迅速进入一个新的境界。

读很多书，识很多人，走很多路，目的是开阔眼界。视平目极远，心静格自高。有长远的眼光，就会有深邃的思想，有深邃的思想，就可能有更高的成就。老师如水车一样地滚动，学生的心路历程就不会是简简单单的平平仄仄了，应是曲曲折折跌宕起伏了。这样，学生很快就会从原来的境况中脱胎出来。当一种固化了的学习、生活模式被颠覆式地打破后，接下来的就是心灵的洗礼，学生很容易进入一种前所未有的自由、空灵中，对自己重新定义。这样，就提升了境界。于是学生会自动反思：之前我之所以如何是因为什么，我现在只要保持底线，只做好事，不做坏事，见贤思齐焉，见不贤而内自省，就会芝麻开花——节节高了，交界处自然明白如何走。

这样的一张课表，对学生来说，是从一种声音接收到多频道接收的改变，使大脑得到高频率的冲击，改变了固定的听课思维、学习方式，改变平时慢、懒的思维习惯，可激活其内驱力。对于老师来说，这更是一种唤醒教学激情、提升教学水平的好方法。面对相同的学生，每一个老师要在学生中留下深刻的影响，就必须要出彩，你不出彩，你就留不下精彩，所以，从内容到形式你都得精心准备。

学生是最好的评价者。

当然，你会担心一个问题，教学内容的系统性、连贯性如何保证。在这里这不是问题，因为事先有一个任务划分，听、说、读、写四个板块，每个板块划分为几个层次，每一位授课老师都会有属于他的教学任务，老师根据他的任务，结合学生实际，设计阶梯式授课程序，理科教学也一样。板块组合，这样能保证多样而有序，系统又丰富。

从一张课表里，可以看出管理者的管理专业能力、管理境界和对孩子成长的用心程度。

和孩子们交流这些，其实就是分享管理的策略，以及这样策划的意义和作用，运用过程就是学习过程。

【学生日记】>>>

值日班长：静宜

英语课几乎是全英文授课，每位老师的授课风格也有所不同，授课内容有外国的食物、进餐用语、用英语向别人介绍游戏规则、用疯狂有趣的方式来学习音标等。一门科目竟包含了如此丰富有趣的内容，不禁让人期待。

陶妈的课带我们走入了文化底蕴丰富的唐朝。与以往的古诗学习不同，她让我们从每句诗的字里行间体味背后的故事，体味诗背后的文化。通过这些古诗，我们自然而然地明白了诗人的思想与情感，不需要生硬地背诵，只需用心感受，印象也会十分深刻。正如潇航同学的日记所说：陶老师生动的课堂令我感到时光飞逝，听得我们那叫“浑身都是爽”。

在做课间操时，大家学着跳健美操和打太极。同学们虽然略有羞涩，但是仍全身心地投入课间操中。

妙如寄言：用明天的要求来指导自己今天的行动。

静宜心得：苟日新，日日新，又日新。

【再读之悟】>>>

不同的人，不同的思考，交换彼此的心界，使每个人的心里都缤纷多彩。

不同的老师在不同的班上课，接触不一样的学生，才能精进教学技术，才能够在不同的情况下从从容容。接触不同的老师，享受不一样的教育，明白什么才适合自己。不断地思考，大脑不再死机，在接触不一样的教育中，无师自通地汲取知识。这样的学生无论在哪都是可以学好的。

陶老师说：“变是常态，不变才是瞬间。”“把常态学好了，才是真正地学好了，才有变化的资本。”在不断的变化中开阔眼界，在不断的适应中提升境界，在经历之中思索，便能突破心界。

伊健

2018 年 3 月

2016 年 5 月 18 日

学会整理

【妙如随记】>>>

1. 现象录

我早早地到了教室，6:50，看到这两天学生桌面上因为发放的纸张比较多，有点凌乱，加之这两天的观察，发现学生很愿意将自己的所思所感写下来，于是决定，写日记不局限于值日团队，值日班长的日记照写，其他同学有想写的，也写下来上传到网上。这也是一种思维的梳理、思想的整理，便在黑板上写下了：学会整理。

静宜到了，打开电脑，播放英语朗读音频。

7:00，孩子们到齐，跟着电脑播放的声音大声朗读。茗轩同学嗓门最大，非常认真，他说他英语基础不好，非拼命学习不可。

班上选了三名摄影员，唐颖、铭峥负责。他们主要就是从电视台搬摄影工具，偶尔录一下，大部分时间是我在录制。

副班主任 Andrew 是美国来的，他上课做准备是相当精心的，总问我孩子们的一些情况，问怎样教授他们会更容易沟通一些。

当看到孩子们在日记中说他的课很受欢迎时，他说这是高兴的事情，他教的东西对同学们有帮助，并在网站上留言：I'm glad. It helps to be liked, but I really hope that I can teach them something important, something that will be helpful. I am doing less of a bad job each day. Maybe by the end I will reach my goal.

课堂上没有学生使用手机玩游戏，但一学生下晚自习后竟将手机带入了寝室，并且玩了游戏。

2. 因果论

整理既有形式的整理，也有内容的整理；既有思维的整理，也有心灵的整理。录制一些课堂情节，可以回放，让老师们自己观看，可以促进老师成长，更可以提高课堂效率。在录像机下时间长了，习惯了，师生就都自然了。将学习生活化，遇事也能处变不惊。

作为班主任，衔接时期最主要的任务是让孩子们适应：初升高的适应，中外语言并用的适应，中外思维方式转换的适应，对走师制的适应，对不同人的适应。同时，在最短的时间里发现每一个学生的最优处，并使之发扬。

这个班级的学生，基础较弱的占大多数，要想让他们得到长足进步，非用异常方式不可。

用走师制授课，用录像机录制，用网站日日宣传，不管是谁，皆会日新月异。当然，按照教师正常的上、下班时间，这些事情是做不出来的。

学生在三种方式的共同作用下，能坚持一个月，就说明他潜能很大，大可为他设定更高目标。

【学生日记】>>>

值日班长：茗轩

今日的乌云遮不住我们阳光的心。这是国际部55班开班的第三天了，而我们燃烧的心依旧没有降温。美丽的陶妈依旧是那么的阳光，那么的活力四射，我们这些年轻的孩儿怎能不加把劲呢？

早读过后，第一节课是龚老师的首创课，活力四射的课。她的课“活”在生动活泼，“力”在青春活力，不光是身体活力四射，同学们的心也绽放开来。为什么这么说呢？因为老师用精彩的活动调动了我们的激情。她让我们欣赏了各知名公司的标志和标语，并让我们自行设计这堂课的标志、标语。同学们都积极地参与，并争先展示，介绍自己的设计作品与理念。课后，老师还与作品合影，并把它们珍藏了起来。

【再读之悟】 >>>

历史是自己书写的，只有把自己的人生活出来，别人才会知道你曾经活得多么美好，多么伟大。正如陶老师建议我们随她一道写日记一样，记录下自己的经历，记录下自己的心路。写出自己的历史，就是把自己的所思所想给写出来。它不单单是对过往的回顾，更是对自己过往的铭记。很多人总是忘记自己曾经做过什么，想过什么，从来不知道自己有多么的好，写下它，记录下它，让过往的自己给自己勉励。对自己，它是勉励，对他人，它就是借鉴。数据的力量是伟大的，把自己刻入书里，不单单是与自己对话，还要让他人有与你对话的机会。

伊健

2018 年 3 月

2016 年 5 月 19 日

手机的诱惑与游戏的赏玩

【妙如随记】>>>

1. 玩手机

昨晚收了一台手机，组长天祺做了检讨，日记中这样写道：

今天是我的失职，身为组长，玩忽职守，导致组员犯下了错误。陶老师对我说，他是我的组员，他犯错时我为什么不去阻止他，反而还帮他打掩护，成为他的同伙，这就是组长吗？回去后我想了许久，也发现了自己还存在着许多的不足，作为组长应以身作则带领组员走上正轨。没有管好本组成员，成员都不能使用手机。

班长久盛写下了他的心理：

今天发生了比较戏剧性的事情。

因为昨晚我的一个同学在寝室里玩手机，被抓住了，结果呢，陶妈今天早上依然微笑着对我们说，看来同学们还不是很想用手机。我们心里有对这个朋友的抱怨，但更多的是一种监管好自我的鞭策。

而令人始料不及的是，在今天晚自习的时候，又有同学玩手机被抓了。当陶老师宣布要暂时没收手机时，大家惊慌失措，都很担心手机被永久地收走。但后来我探了探老师的口风，幸好老师只是暂时收一个晚上，她希望我们不要在晚上玩手机了。

对于有两台手机的人，我个人认为不太好处置。他们既然交了一台，似乎就不太好要求他们再交一台，希望老师能有好的解决办法。

2. 赏玩论

其实减少诱惑的方法很简单，让他拿着手机，让手机的作用发挥出来。

早读时，用手机下载英语口语、听力，定任务，定时间，过关。不会读的也会读，想玩游戏也没时间，一旦学会了一些，兴趣也就上来了。集中开设游戏课，比赛看谁能边玩边把游戏程序、技巧记录下来，分享给像我这类不会玩的人，使之在理论上也懂一点，让玩也成为一种学问。

团队监督是一个方面，但无论怎样，总会有违纪的，不能因为一个人的违纪就让大家都不能使用先进工具。所以，捆绑式管理是一种方式，还需要辅以其他策略。

【学生日记】

值日班长：何茜

一日之计在于晨，未到7点，刚进三楼，便能听见从教室里传来的琅琅书声。用陶妈的高效记忆时段来说，6:00—8:00、11:30—13:30、18:00—20:00及进寝30分钟是我们记忆的黄金时间，所以，我们必须要珍惜。

第七节课是我们亲爱的陶妈上的“诗里唐朝”。她的语言有一种独特的魅力和魔力，她能用浅显易懂的语言让我们理解背后的深刻含义，也会用典故来告诉我们，怎样做才对我们最好。她让我们从《灞桥待李将军》一诗中来找寻唐朝法律制度的设立与维护。无规矩不成方圆，唐朝制度严格，天子犯法与庶民同罪。唐朝重才，所以唐朝有如此深厚的文化底蕴。所以，只有按规则制度办事，才能够提升自己，当然，也必须要所有人都按规章制度办事，才能够更好地去执行这些规章制度。人人希望平等，人人都要遵守规章制度。

读万卷书，不如行万里路；行万里路，不如阅人无数；阅人无数，不如高人指路；高人指路，还要自己去悟。

【再读之悟】>>>

生活中处处充满诱惑，而诱惑也是一种机遇，战胜它，则又是对自身的磨炼。手机是一种很好的工具，同时也充满着诱惑。充满诱惑的东西总是充满了挑战的，就像陶老师允许我们使用手机一样。在此之前，没有人可以保证我们能够在诱惑之下全身而退，但是陶老师给予了我们十足的信任。或许有人深陷诱惑的泥潭，但是从未深陷也就谈不上拔出。每一次深陷都是对下次的抵御能力的提升，日记中的自己总是会告诉你，你，应该是什么样子的。将手机正确定位后，它便是你手中的利器。

伊健

2018 年 3 月

2016 年 5 月 20 日

云淡风轻何处寻

【妙如随记】 >>>

1. 动静说

我一直不推崇那种天天口号、日日鸡血式的学习与生活，我倡导与推行静静地学，当然一定量的活动是必需的。学习是一种思维的开启，也是一种行为的操练，思维与行为是不同的概念。譬如，学习习惯，按时、按量完成这是行为规范的范畴，而有质量地完成则是思维领域的事情。行为规范是你规定他怎样就怎样，思维领域是他想怎样就怎样。当拥有良好的行为习惯与良好的思维习惯的时候，学习就是非常简单的事情了。

动如脱兔，静如处子。培养孩子的动静能力是提高孩子修养气质重要的步骤。

昨晚例行公事，为学校高中部教师做“云淡风轻何处寻”的交流培训，主要谈及学生各有所需，每位老师能因材施教、因需而授，就可云淡风轻。学习也是一样，每个人的时间都是一样的，关键是你使用时间的技能，学会了自控，就可随心随欲。

2. 外来风

晚上向学生推荐了《随笔》杂志上题为《德国的教育静悄悄》的文章。

文章介绍了德国学前教育的内容：基本的社会常识，比如不允许暴力、不大声说话等；孩子的动手能力，让他们从小就主动做具体的事情；孩子的情商，特别是领导力。德国教育界的普遍观点：如果太早强行教授所谓的知识，小孩子各方面并不成熟，没有思辨能力，最后会变成背书和读书机器。

大学老师会在开学的第一堂课里，公布很多该学科的参考书，老师除了告诉你参考书，还教你的就是学习的思考方式，自己独立思考是获得知识的重要途径。德意志民族向来以理性、务实和逻辑性强著称。

3.“十不谈”

分享后，与学生聊起了曾和我的一个哥哥探讨过的人生阶段性“十不谈”：

十岁前不谈学习。怎样玩快乐就怎样玩，要谈只谈养成。

二十不谈事业。刚起航，后面的路还很长。

三十不谈辛苦。没有今日的辛苦，哪来他日的幸福。幸福是由辛苦连缀而成的。

四十不谈成功。成功这个词很特别，目标越大，距离越远，现在的一切算不了什么。

五十不谈成就。成就与成功是两个差距很大的概念，成功的人很多，有成就的人很少。具有生命的张力、永恒力的东西才能称之为成就。

六十不谈人生。“自信人生二百年”，六十岁谈人生还过早。

七十不谈功过。功过只有后人能评说，历史来评说。自谈功过为时太早，也带个人主观色彩。成就别人，这是最大的功，问一问自己：我帮助了多少人？若没有或者很少，赶快行动！

八十不谈身体。现在这种生活条件活到一百二十岁，真的不是难事，八十谈身体也为时过早。要注意适量锻炼身体，最关键的是用脑子想事情，思维停滞是最容易衰老的。

九十不谈儿孙。德行天下，善育后人。后人强大才是你真正的骄傲，活到九十依然要给后人榜样：勤奋节俭、好学向上。这样，一个家族才会生生不息，兴旺发达。所谓望族之来历也。

百岁不谈完美。生活没有完美，只能接近完美。刻意求之，弄巧成拙；随其自然，精彩纷呈！

520——我爱您，这是一个谐音，也是一种呼唤，人应该多一些爱的表达。

【学生日记】>>>

值日班长：天祺

陶妈给我们讲解了贺知章的诗句，他的诗句清高而又唯美。陶妈透过贺知章的诗句又教给我们许多做人的道理。令我印象深刻的是：识才，有才，做一个有才华的人，交有才华的朋友。这就是物以类聚，人以群分吧。

学习是你的影子，唯有你认真才能看清楚它。

※久盛

陶老师教我做一名成功的管理者。首先，管理者必须确立一个可行的人人遵守的规则和体制。只有你带头做好榜样才能逐步将班级带上正轨，最终才能取得成功，这是一种管理的艺术。别人对一个人的形象感受来自其外在表现。只有我做到遵守规矩，同学们才能心服口服地做到遵守规矩。看来我还要认真控制自己，任重而道远啊！我要做一个稳重可靠的人。

【再读之悟】>>>

口号式的努力或许确有成效，但有的时候它可能只是口号而已。真正的学习者总是静静的，不声不响的。诸葛亮在隆中静了十年，最终成就一代贤相。陶老师的“在玩中学习，在学习中玩”同时又提示我们“动如脱兔，静如处子”，我们很喜欢。学习和玩本就是一件事情，婴儿的学习就是从玩开始的。张弛要有度，一味地紧绷会使人厌学，过于放松会让人松懈。学习应当是融入生活的，让人学得不自知。动力也不是给予的，而是内心创造出来的。学习不是被动的，是主动的。德国教育给了我们新的看点，“十不谈”其实是告诉我们该谈的时候才谈。陶老师每天与我们的闲聊传递的皆是我们不曾看过、听过的新鲜事，这也激发了我们不断地去看，试图获得更多的东西。

伊健

2018 年 3 月

2016 年 5 月 21 日

宁肯相信，慎重否认

【妙如随记】>>>

1. 置疑说

因为每节课的老师都不同，每节课上老师都有发一些资料，而且都需要预习、复习。看到有的孩子有点手忙脚乱，清早，便在黑板上写了“学会有序学习”，并讲述时间序列、轻重主次序列。

下午，原初中一班主任转来 55 班一学生家长的短信：

我孩子在网上写的文章，我不相信是他写的，因为我从来就没发现他写过什么像样的文章，连老师您之前不也是说他不会写吗？莫不是从网上抄的？

家长为什么不直接问我呢？

那班主任说，他们很熟的。

那就请您转告家长，我们也要熟起来！多看 www. miaoru. com 上面的文章，将建议直接写在孩子们的日记下。

也有家长给我发短信：我孩子写的都是真的吗？

信任是孩子力量的源泉，前行的动力。家长不需要从这里那里打听孩子的消息，尤其是已往的老师那儿，那是过去时。要想了解孩子的现在，助力未来，唯有和孩子一道成长。怀疑是不是抄的，有工夫去问原来的老师，还不如复制一段到网上去搜索一下，马上就知道了。

发现孩子变化很大，不要去置疑，而要去研究，孩子怎么就会变化这么大呢？关键在哪儿？这样，家长会成长，孩子的成长也会更稳更健更美。

2. 聚元论

激活孩子不易，让他疲软很容易。一个怀疑的眼光，一句稍微不信任的话语，都可能让一个刚燃起信心的孩子又重新回到原点。也许有人会说，这也会打击他们，那太脆弱了吧。您可知道，一个曾经遭受过这种或者那种打击已经有过不想读书的记录甚至之前就没有读过什么书的孩子，他们智商不低，只是因为种种，才成了您心中过去的他。现在，明白了，想努力了，在冬天应该生火的时候，您却当头泼上一瓢冷水，不，甚至是冰水，您说，这种伤害会有多大呢？

一些无意义的询问，只会消耗老师有限的时光；一些无意的猜疑，只会降低孩子成长的热情。怎样将元气聚拢起来？看到孩子的文章，家长有想法就在网上写下来。无须这里打听，那里询问，生命有限，时间珍贵，用时间做一些有意义的交流。譬如，有的家长，看到孩子写成长日记，自己也写。有一些家长把自己孩子写的日记下载下来，打印出来，装订成册，等孩子回家的时候，拿出来给孩子看：这是爸妈每天看了你的日记后，打印出来装订的。这该给孩子多大的鼓励呀！

宁肯相信，慎重否认！

用心陪伴，用心同步！

【学生日记】>>>

值日班长：子豪

第四节课是班会课，由久盛、静宜、伊人、伊健四名同学全英文主持，感觉很好。我们先看视频，提问题，展开讨论，然后请家长说话。陶妈给我们讲了三点：

第一点是请我们和家长沟通好，与老师联系的方式不是电话，而是网站。请家长们将要说的话或者星期六要来接孩子的信息都留在网上，因为老师讲课比较多，听课也多，而这些时间是不会接电话的，但又觉得不回应家长们缺礼数。网站上留言也可以看出家长是怎样关心我们的。这样等于是我们自己、家长和我们老师在网站上共同丰富我们成长的过程。

第二点，明确我们和家长联系的时间，每天下午4点50分—5点30分，以及星期六的第二节课下课时间和下午。

第三点，让我们讨论手机的使用条例和手机违规处罚条例，条款都由我们自己定出来。

最后补充了一句，写交流日记要开始学会写细节，有细节才感人。

妙如讲法：学会有序学习。

子豪心得：海纳百川，有容乃大。

※静宜

说真的，陶妈说现在的日记要开始写细节、抓亮点、语言要形象生动时，我开始有点担心了。因为我前几天的日记就感觉在记流水账，毫无细节、亮点、生动可言，再加上我对自己的写作真没什么信心，因为以前每次写作文都要花很长时间，考场作文也总感觉是靠字和卷面拿分。不过，或许这是一种对我的写作的锻炼，要好好珍惜这个机会，克服困难便会轻松。

今天班会上，陶妈向我们强调了家长要联系我们，不要选择打电话而要上网站，因为互联网可以记录下家长对我们的关心，记录下最温暖的东西。陶妈每天有太多事要做，但她却说了一句令我非常感动的话："我的时间不能用来陪家长，而是来陪你们的。"我还记得星期三那天，我们问她："陶老师，您什么时候休息啊?"她一脸淡然地答道："我今天休息啊。"那一瞬间全场都安静了，惊愕地看着她，许久才从牙缝里挤出几个字来："那你怎么……"她微笑着对我们说："在陶老师的感觉里，交替工作也是休息。"有如此伟大的人陪着我们，我们如何能不幸福。

今天下午，我在去图书馆的路上，刚好碰到陶妈和几名同学准备出校环湖散步，便随他们一起出去。我们在沙滩上玩时，陶妈看到石头便问我用英语怎么说，我说出了stone，她说好像还有一个ro……，我突然想起了rock，确实我应该像她一样，从生活中学习，随时随地都不要忘记学习。

※茗轩

今天想多上几篇。

赠友马御风离别之作

柳枝一折湖水青，与君此别人凄清。三载共济奈何今？笔笔留言刺我心！

苍天再大终有尽，你我终会凌绝顶。何必自作儿女情？到时欢赏好风景！

初见陶先生见赠

五月本炎身自热，却别昔友心凄清。不想喜见陶先生，如同雨后见日新。三言顿使人清新，两语吓散小人心。古有孔圣传《论语》，今有陶妈讲《易经》。

【家长留言】>>>

※茗轩妈妈

认真浏览了学生们的日记，很开心有这样一个平台可以看到孩子们的心声，可以关注到他们每一天的成长进步……非常感谢同升湖的老师们把我儿子培养得越来越优秀……

【再读之悟】>>>

信任是一切提升的基础，如果没有信任，提升则没有动力。一切的上升都是由动力所提供的。永远不要小瞧语言的力量，也不要轻易地否定别人。

家长应当是孩子力量的源泉，而不是挫败的来源。信任的力量是巨大的。疑人不用，用人不疑。不单单是日常的企业管理，教育也是这样，在企业与学校，是一样的。这些地方都是充满机遇与提升的地方，只有信任才能使人产生向上的心理和动力。陶老师曾经对家长这样说道："即使全世界都不相信你的孩子，你也应当相信他。"

伊健

2018 年 3 月

2016 年 5 月 22 日

学生的英语怎么提高

【妙如随记】>>>

1. 担心说

这几天，学生写日记的欲望大增，每个人都想着法子写。于是，有非常关心的人担忧了，这些学生是要出国的，这么上心学中文，到时怎么出国呀？

我听后，笑了笑，说，别急，慢慢来。

亦有其他领导委婉来说，这些孩子是要出国的，要引导他们如何学英语。

听后，我也笑笑，不过，笑着说了下面的话：

“呵呵，很荣幸，你们是把我当神了。55 班课表，一周课表上一节中文。我只上一节，若能把学生弄得只学中文，我若不是神还能是什么呢？我是班主任，我的目的是三年或者四年，协同所有国际部教师不仅助力学生考上世界名校，还要助力他们成为二十年以后中国杰出类人物，您说，我会只要他们学中文吗？每天早晨，教室里全是英语口语训练，每天至少四节英语课的冲击，每晚有英语预习，还有专门购买的数十本英语故事书来补充英语阅读，等等。

“我从来不会拿昨天的经验来引导今天的学生，但我会知道我和学生所要抵达的方向！

“写日记，不仅仅是写今天所经历的事，还能养成一种反思的习惯，是潜在地培养思维的形象性、逻辑性、批判性，甚至可以说是培养发现能力、创造能力。”

不过，经领导这样一提醒，我提前了让孩子们用英文写日记的尝试。

2. 沟通学

他人不熟悉你的做法，有担心，而你一时半会儿没办法呈现效果，但务必沟通好，这样才能获得支持。你超前的理念、先进的思想、无招的方法想顺利实施，不沟通好后面的路会很难走，会一天到晚说不清，尽管现在都提倡不要说明，只要证明。

教育是慢的艺术，有时一下子是看不出明显效果的。所以在行进的过程中，一块工作的人达到思想上的统一，认识层面的一致是很关键的。每个人都有各自的思维习惯，思维境界也不一样，阻力也就有大小了。减少阻力获得支持的方式，就是多沟通，获得理解与支持。

对于暂时没看到你的规划与操作的优势又很有自己观点的领导，怎样相处呢？不作声，做事就是，慢慢做。每一个领导都是真心为了工作为了孩子，他一旦看明白，会大力支持的。

尽管他当时或许还没看明白，但这也是一种提醒，站在他的角度或许就是正确的，尊重就是道理。

一天一日记，三天一小结。

【学生日记】>>>

※静宜

我在《勇气》里看到一段令我感动而又深思很久的话：要理解一年的价值，就去听听刚刚落榜的学生的看法；要理解一个月的价值，就去听听辛苦生下早产儿的母亲们的看法；要理解一星期的价值，就去听听周刊总编的看法；要理解一小时的价值，就去听听苦苦等待对方的恋人们的看法；要理解一分钟的价值，就去听听赶的电车刚巧过站的人们的看法；要理解一秒钟的价值，就去听听刚才恰好避开事故的人的看法；要理解十分之一秒的价值，就去听听奥林匹克上与金牌失之交臂的人的看法。时钟的指针在不停行走，所以，要好好地珍惜你的每分每秒，然后，要给予今天最大限度的赠予。

确实，世界上最公平的事物便是时间，每天都有 24 小时，无论如何，时间就在那里，不停不息，所以如何好好把握便至关重要。

※伊健

这三天中，多了许多思考，少了一些焦虑。心渐渐静了下来，但还不是波澜不惊的境界。之前，我总认为道家学说是让全身心放松，乃至于做甩手掌柜，活在自己的世界，全然的唯心主义，一直不明白道家的唯物主义何在。通过近些日子的思考，我才明白。《列子》中说，活着，是为了辛劳，死，则是休息。《晏子》中说，仁义之人在死亡中休息，小人在死亡中埋葬。原来道家也是要劳作的！道家的理想是人人各安其职，不为私利，在上位者清心寡欲，有权而不滥用，为天下式，正是应了前些日子陶老师说的上位者推之，下位者为之的管理。又一细想，这不是儒家的正心、修身、齐家、治国、平天下吗？原来道、儒本是一家！只是孔子以仁义说教，道家则希望人们自己去悟！难怪庄子以狂笑示人，道家以玄引导人们思考，而儒家将道细细剖析，总结出仁义。难怪老子说“道散而为仁义”。那么，我现在认为，王阳明或许是集两家之大成的吧！心学中的心便是检修自身，在心中寻找真理。这与道几乎无二，但阳明心学亦有缺陷，即过于追求内心，过于唯心。或许，人各有道吧！

※铭峥

我听到陶妈讲了这样一句话：“我从不看成绩，因为到了这里个个都是人才。”说实话，我的成绩在班上垫底，但我会默默努力，因为我找到了我的自信。直到今天，我没有一节课是走神的，但我有没听懂的。不过我有个很负责任的组长，他就坐在我旁边，是我的同桌，他每次都会细心地解答我所有的问题，就连晚自习他都在帮我巩固数学的知识点。

未来不是他人可以决定的，而取决于我。

※李斌

来国际部已经一周了，这里的教学方式与之前截然不同，课堂比较自由，课堂模式不死板，不懂的单词可以用手机查，下课我们可以拿手机看英文小说，可以听英文音乐，下午放学还可以拿手机放松放松，这都得益于我们陶妈不同的教学方式。陶妈还说过，时间不是用来浪费的，要有个短暂的目标，还要有个长远的目标，要为了自己的目标而奋斗。时间不在于你拥有多少，而在于你如何掌控它。

2016 年 5 月 23 日

语言有共性，也有个性

【妙如随记】>>>

学生写东西有感觉了，说英语也有点感觉了，感觉上来了，表达就顺畅多了。前两天的日记开始中英文夹杂了。今天，我开始提倡学生用英文写日记。大家试着写，写好以后放在网上，看到的老师会给你们提修改建议，或者自己把电子稿发给想要请他修改的老师。

语言有共性特点，表达是主要的，但是不同的语言是有个性的，它的表达习惯各有不同，主要体现在句子结构上。中文表达非常灵活，英文表达也灵活，但相对中文来讲，那就规则多了，它的句式结构比较固定。学习英语，要多说，使之生活化，弄清楚句子结构，会快捷很多。

晚上，静宜同学就用英文写了日记。

【学生日记】>>>

值日班长：伊健

今天是我第一次当值日班长，一大清早来到教室，还是有许多不适应。对于一个懒人来说，早起是很困难的，或许早起也是对人的一种磨砺、修炼吧！

写了这么多天的日记，发现自己的文笔的确还需下功夫，常常欲言又止，表达缺乏情致，书到用时方恨少，还真是那么回事！第七节课后陶妈召集班干部开了个短会，向每个人传授了管理方法，并做了相关指示。

今天晚上写了一整节课的班级日记，又用了一节课把班级日记打出来。时间真的很赶，或许是我的能力问题吧！总感觉别人不用花那么多时间的事我要这么久。但老子说“自知者明”，谁又能说我知道自己那么多问题不是好事呢？能在提升中找到乐趣又怎么不是一件美事？

时间慢慢地流逝着，默默镌刻着这个世界。未来的丢给未来，我只要立足现在。

雨后云雾过破晓，尘起腥泥香来潮。

远山见薄雾笼罩，凉风扶静了心潮。

※伊人

今天星期一，我来国际部正好一周了，该对自己做个总结了。

我不是一个特别活泼的人，我不善于表现自己，我是一个站上台就会腿软、手抖和结巴的人，所以我害怕上台或者是回答问题。只要人多，我就不自在，会躲在角落里。但是我现在改变了。来了国际部，陶老师给我们天天强调的就是三个字：厚脸皮。厚脸皮既能培养耐性，也能提高抗打击能力，让我们学会怎样去舍得出丑。她说，如果我们不去挖掘自己的潜能，不去表现自己，那又怎么让别人知道我们的实力和特长呢？或者，我们又怎能给别人机会去批评我们，让我们变得更优秀呢？当然，所谓的厚脸皮绝对不是去逞强，不懂装懂，知错不改。

※久盛

值得鼓励的是，我发言比前几天好了很多。用英文来说，我变得“3O”了：open-minded，outgoing，optimistic。这是一种外有金玉，内含精华的表现。

今天下午，陶妈召开了一次全体班委会议。全部到齐后，陶妈娓娓而谈，我记住了三个 focus points。

（1）“两个凡是”：凡是陶妈的指导都坚决遵从，凡是班长的正确领导都坚决追随。

（2）管理的艺术在于——领导在“玩”，下属在工作。“玩”是在做前瞻性工作，下属要坚定不移地努力就 OK。

（3）机会总是垂青有准备的人，身为管理者，应该多想一步，提前做好准备。

陶妈的不少经验让我十分受用，我确信我在领导的艺术上又前行了一大步。

【再读之悟】>>>

老师的作用在于帮助学生做他们做不到的事情，例如改文章，作者本人总是很难找到文章的错误的。人们总是难以找到自己的错误，这时候就需要一个人来帮助指正。《尚书》有云："学学半。"教授也是学习的一部分，老师能够在学生的新颖思维中得到启发，也能够在学生的学习历程中得到经验，而学生，有了老师的帮助，则能够少走很多的弯路，老师的经验和学术也能够帮助学生快速成长。学习在于思考，思考的历程是必不可少的，教授在于教授学生如何理解，理解比知识本身更重要。学习就是不断地尝试再总结，一步步得出经验，提高思考的能力。

再读之时，发现教师的发现能力、引领能力真的很重要，陶妈就这样一点一点不露声色地引导我们将难点突破了。

伊健

2018 年 3 月

2016 年 5 月 24 日

长短不限，形象精辟就行

【妙如随记】>>>

日记怎么写？写多长？所有事情都要写吗？这些问题都不是问题。开始，我只要求团队长写值班日记，要求每组成员都要轮流写，当然，你想写，你就天天写。没有强迫，纯系自愿，并且和学生说过，上传到我的网上，就表示你同意我有使用这些材料的权力，如果不同意，你可以选择用本子写。

我的想法是可长可短，没东西写的时候，就写流水账，可写的多了，就挑自己觉得最有趣味的最有意义的写。还是有很多可写的，就再排序。

伊健同学今天的日记这样写：

今天，我们跟着陶老师领略了“诗里唐朝”的第五位诗人——诗仙李白的风采。李白为世人留下了许多脍炙人口的诗篇，他的浪漫、放荡不羁在诗中展露无遗。有人认为李白的放荡、自傲是其事业失败的原因。我赞同陶老师的说法，作为诗人李白，若不放荡，不自傲，那他又怎么是李白呢？虽然事业失败，但他丰富、传奇的人生和他的传世篇章亦使他流芳百世。不论如何，李白都活出了自己的风采，他让人们记住了李白这个名字。

青莲歌

诗仙醉酒诗传世，青莲剑出又惊鸿。

仙踪无迹云游界，或在天上广寒宫。

在谪仙人李白的照耀下，中华文化平添了一分豪迈、浪漫。或许，我们也应记录下自己丰富的情感，锻炼文笔，为后世留下些什么。

家长红苗说，篇幅可以稍长一点。

我说看情况，写日记，能多写就多写点，少一点也没问题，只要能保持一种习惯就行，当然能形象、精辟更好。

【学生日记】>>>

值日班长：嘉骏

今天第一节课本是刘嘉老师的英语课，结果出了一点小意外，老师没有来上课，前来观察我们学习的张主任代上了这节课。张主任不愧是一个才华横溢的老师，即使是临危受命，也不自乱阵脚。他从上次课给我们留下的七个问题中挑出第一个问题来问我们，并借此告诉我们要培养批判性思维，敢于并善于质疑老师，而不是一味地听取老师的观点。接着，同学们针对老师的问题做出回答，老师一一进行分析，告诉我们最佳选择。

语文课上，陶妈用一副对联概括李白的一生：

六十又二个春秋五个阶段一生为自由为浪漫且行且吟啸

一千零十首诗歌七种样式百代羡青莲羡诗仙边读边传承

第三节课是经济课，老师给我们讲了一个经济学上的小故事——*Prisoner's Dilemma*，也就是《囚徒困境》。它的主要内容是讲两个嫌疑犯要做出选择，是承认自己的罪行还是不承认，不同的选择也代表着不同的结果。大家的答案千奇百怪，却又不缺乏证据，讲得很有条理。

妙如妙语：孩子，只要在走，就能抵达。

嘉骏心得：世上无难事，只怕有心人。路再长，一步步走也能到达；路再短，不迈开双脚也永远无法走完。There are no shortcuts for studying.

※茗轩

第一节课是张主任上的学习方法传授课（英语）。在上课之前，主任坐到了我的旁边。他亲切地肯定了我写的东西，问了我一些问题，并考了我几个单词。我虽好学，但毕竟不如古人，而且天赋也不如他们，但是他们却并不见得比以后的我好。凤凰关在笼子里，是绝对比不上展翅高飞的鸿鹄。

陶妈的语文课，专谈李白。她写下了对联，我也想对对联，可怎么都对不好。“青莲独剑上青天，太白仙诗醉万年”，这副对联没对平仄，我索性把它变成了诗，加了下句“你言我醉我不醉，安知此酒天上来?”，结果发现还是不好。我是使自己进入“醉人”模式写的，下面那句明显好于上句，但是不搭调，不过在行文自由的现在，读着还是蛮有味的，只希望太白仙别下凡揍我一顿。

※静宜

李白在长安的那两年多，是他从高峰跌落于谷底的时期。这是为何？李白在众人的吹捧赞美之下，由得意变猖狂，自以为是在他身上体现得淋漓尽致，他这样的性格使他无法达成当官的愿望。

李白同贺知章一样，也是“醉中八仙”之一，但李白喝酒随心所欲，贺知章喜酒却懂得自控。李白一生流传下一千零十首诗歌，贺知章不及他，但贺知章在政界的造诣却在李白之上。由此可知，人的长处各有不同，充分发挥自己的长处，人人都是人才。可以试想，若李白和贺知章一样懂得控制饮酒，那他的诗歌是否还会如此经典、令人千古传诵？的确，正如老子所认为，一切事物都是有对立面的，酒控制了李白，而李白也靠酒为后世留下了千古诗篇。

李白之诗光耀千载，李白之为人也值得我们深思。

【再读之悟】>>>

“贵不在量，而在质。日日锤炼，日日精进。写日记是对自己一天的回顾，实在不知道应该怎么写，就记流水账。”这是陶妈笑着对我们说的，时间过去了两年依然记得。记流水账也是对一天的回顾，一天到晚我们到底做了些什么呢？通过对一天的思考，我们总能找出一天最为精彩的那一部分。对一天的所作所为的思考，是对一天的反省，也是对一天收获的整理，正如曾子有云：“吾日三省吾身。”写日记也是“吾日三省吾身”，却又比“吾日三省吾身”要更好一些。它不但是自省，还把反省的过程写了下来，这对他人和自己的以后都是有着借鉴意义的，正如这本书一般，由记录和反省构成。

伊健

2018 年 3 月

2016 年 5 月 25 日

英文日记批注

【妙如随记】>>>

学生开始写英文日记。龚老师给学生改了，刘老师给学生改了，还有很多老师都在为学生指导、点拨。请人修改英文日记，这得学生自己去找。有的是写好草稿就找老师修改，有的打成电子稿后发给老师修改。我在这里选了电子稿的英文日记，目的也是鼓励学生采用电子稿，毕竟学生是要出国的，毕竟国外的作业都是在网上提交的，毕竟托福是在网上考的。各种能力的培养，都要在日常生活中积累，所以，手机、电脑应该是学生的必备工具。现在学生基本上能自我掌控，当然还有每个学习组组长的提醒。

我个人认为，文章修改有三层境界：

第一层：无错。无语法错误，无知识性错误。

第二层：维稳。遵从作者原意，尊重不同语种表达的思维习惯。

第三层：提升。中心的突出，内容的呈现，表达的自然修饰，返璞归真。

三层境界，是同时要求，还是逐步提升要求，要根据学生实际情况而定。

下面是张老师给静宜批阅电子稿的英文日记后的回复。

静宜：

你好！你和另一个同学来找我帮忙修改英语日记，我很高兴。你的日记写得很好，我仅做了少量修改，希望你坚持练习用英语记录每天发生的事情和自己的感受。请查收附件。

愿你和 55 班的学生在国际部不断成长，梦想成真！我们都愿意帮助你们！

张修明老师

这种氛围很好，孩子们主动去找老师修改，老师又能给予很真诚的点拨，学生内心愉悦了，提高就不是难事了。

【学生日记】>>>

值日班长：小川

今天早自习，电脑突然出现了问题，大家无法像以往那样跟着电脑读英语。茗轩同学大声朗读起来，也有几个跟着读起来。在老师的点拨下，其他同学迅速调整了状态，四人一起背单词过关。

经过一天的观察和反思，我发现如何主动学习还需要老师指导，从早自习便可以看出来。我们嘴上总说着“我要主动学习”，但“主动”二字对一个玩欲正旺的青少年来说，难啊！当一个孩子学会了主动后，另一座叫困难的“大山”又出现了。所以我想，那些所谓“学习上的困难”并不是指哪道题有多难，而是那些难以获得却又可贵的精神啊！

妙如妙语：孩子，美好由你定！

小川心得：学者如登山焉，动而益高，如寤寐焉，久而益足。

【再读之悟】>>>

求学是一个求索和积累的过程。为什么用电子稿呢？国外大多都使用电子稿来交作业，早一步适应电子稿，等真正到了国外时就少一分忙乱。陶老师还以这样的形式告诉我们，国际部人人都是我们的资源，怎样高频率地使用最好的资源，就靠我们自己主动了。

伊健

2018 年 3 月

2016年5月26日

致哀，听讲，聊书

【妙如随记】>>>

1. 致哀

5月25日凌晨，杨绛先生以105岁高龄驾鹤西去。我为之哀悼，学生中竟有崇拜者，写下了散句与悼文，节选于此：

为杨绛先生哀悼

茗轩

一百〇五个春秋，她经历了中华的三个不朽的时代。

六十三载的陪伴，她和钱钟书先生共同谱写了近代中国的辉煌。

十八年的守候，她默默扛下了亡夫丧女之痛，为这个世界谱写下了自己和丈夫、女儿最后的篇章。

最贤的妻，她默默在复杂的钱家艰难地完成了所有贤妻良母的职责。

最才的女，她翻译了《堂吉诃德》，写下了偌多的话剧和文章，不逊于有“民国第一才女”之称的林徽因。

今晨杨绛先生以一百〇五岁高龄驾鹤西去了，感慨良多。

为杨绛先生哀悼！祝您一路走好！

2. 听讲

读名人，一直是我的习惯之一。

今天，还和学生分享了在岳麓书院听罗锦堂老先生传道的感受。罗老先生是夏威夷大学东亚语系名誉教授，他以“从唐朝禅学看宋儒理学”为主题讲授，着重分析了邵雍、周敦颐、张载、程颢、程颐“北宋五子”，认为宋初儒学是把儒、释、道思想融合归纳起来形成的一种新儒学。罗锦堂先生最后总结：“儒家的目标是教人如何成圣，佛家的目标是教人如何成佛，道家的目标是教人如何成仙。各自所走路线不同，方法各异，但归根结底，却是大同小异，因此，宋孝宗曾说‘以佛治心，以道治身，以儒治世’。”听了罗老先生的讲授，我会心一笑，我曾多次在不同场合交流：儒家教我们拿得起，道家引导我们放得下，佛家化解我们看得开。“站得起、坐得稳、睡得着”这是我对儒道佛融合一体的人生三境界的概括。

听完后，凤凰国学总编柳理作诗答谢，我也一并分享给了学生：

短歌行·遥赠锦老

客从海上来，故园安在哉。蓬门何处觅，山色一时开。

蝶梦翻新轴，遐龄践古台。曲传湘水畔，文识马王堆。

策杖衡云道，停车岳麓槐。煮茶吟翰墨，展卷激风雷。

耄耋还妻愿，嶙峋砺楚材。挥杯由此去，万里共徘徊。

听锦老道，读柳理诗，我便随笔附和：

听锦老传道

先生翻薄纸，东渡海边来。为我一点拨，如听仙乐排。

两问两妙答，开悟自明白。不觉心生喜，云端知音在。

笔名南郭的添彩：

楚　材

柳理诗出台，妙如信手来。只为海上客，吹散一时霾。

得道由欢喜，感贤皆楚材。心澄明如月，乞听仙乐排。

黄耀红先生留句：

园柳鸣禽日，禅理应花开。

3. 聊书

向学生荐读名著名文也是我的习惯之一。很多学生看了我推荐的文章后，说，这档次都不同了。是的，改变气质、修养的方法是读书，读名家经典书。

曾和几位朋友聊四大名著，我说，读懂它们，你能了解生活的很多元素。我以开篇词做个对比。

《三国演义》开篇词：

滚滚长江东逝水，浪花淘尽英雄。是非成败转头空。青山依旧在，几度夕阳红。

白发渔樵江渚上，惯看秋月春风。一壶浊酒喜相逢。古今多少事，都付笑谈中。

《水浒传》开篇词：

试看书林隐处，几多俊逸儒流。虚名薄利不关愁，裁冰及剪雪，谈笑看吴钩。评议前王并后帝，分真伪占据中州，七雄扰扰乱春秋。兴亡如脆柳，身世类虚舟。见成名无数，图形无数，更有那逃名无数。霎时新月下长川，江湖变桑田古路。讶求鱼缘木，拟穷猿择木，恐伤弓远之曲木。不如且覆掌中杯，再听取新声曲度。

《红楼梦》开篇词：

浮生着甚苦奔忙，盛席华筵终散场。悲喜千般同幻渺，古今一梦尽荒唐。

谩言红袖啼痕重，更有情痴抱恨长。字字看来皆是血，十年辛苦不寻常！

《西游记》开篇词：

混沌未分天地乱，茫茫渺渺无人见。自从盘古破鸿蒙，开辟从兹清浊辨。

覆载群生仰至仁，发明万物皆成善。欲知造化会元功，须看《西游释厄传》。

比较比较，便会知道，每一本都是对人生的警言：《三国演义》告知人生要“空”，《水浒传》建议会“隐”，《西游记》提示要“修”，《红楼梦》说人要追“梦”，却不要活在“梦”中。

这只是开篇词，书中的波澜就更不用赘言，读懂这“四书”会明白人间生活许多。

其实，学生暂时未必能够全部理解这些内容或者感受到这种境界，但是，获取涵养都是耳濡目染、长期浸润的，不要急于求成，有的可能要十年、二十年甚至更长的时间才会看出效果。开悟有渐悟和顿悟，大多还是靠渐悟的。

【学生日记】>>>

※文钦

梦想有时候是一场梦，有时候却真的可以美梦成真。但是要让美梦成真，就要付出艰辛的努力。从儿时起我对生活就充满着各种梦想，长大后发现那些往往只是不切实际的妄想，慢慢地，正是在一次又一次的改变中，我逐渐找到适合自己的最终梦想。不服，争取，所以越混越好；等待，后悔，所以越混越差。

※静宜

陶妈给我们分享了两个令她感动的小故事。90 多岁的老教授在两个半小时的讲座过程中，只喝了一口水。76 岁老人为听讲座席地而坐，而他的身份是湖南省图书馆原馆长。他们对知识的敬重、对文化传承的热爱，怎能不震撼我们的心？他们的职业精神怎能不让我们感动？终身学习，活到老学到老，他们正是如此。敬重知识、传承文化同样也是我们的责任，我们要学会抓住“闪电”。

【再读之悟】>>>

读名人，不只在于了解其生活，更是了解其所思、所想、所念。书中有哲人，与我如友伴。陶老师不断地在求学，贪婪地汲取一切自己觉得有益的，她本身就是我们的榜样。有人会说，读书又有什么用呢？我也曾问过这个问题，但我现在明白，或许书中所写的一辈子都不会用到，这样的情景你也可能一辈子都不会遇到，但是，你会明白如果处于那样的情况之下，你应该怎么做，心中会有一种踏实的感觉。正如读过消防手册的人，遇到火灾时不是乱喊乱叫、东逃西窜，而是去寻找安全通道。如果逃不出去也不会直接跳楼，而是采取措施保护自己，或者挥舞色彩鲜艳的东西求救。学习可以教你如何静下心来思考，一点点地静，一点点地思。读不一样的书会对自己的性格有不一样的影响，这也是为什么“腹有诗书气自华”的原因。

伊健

2018 年 3 月

2016 年 5 月 27 日

把古典的东西讲活

【妙如随记】>>>

学会取舍，是今天写在黑板上的字。为什么要取舍，怎样取舍，这些都是需要慢慢领悟的。我只能用一些句子，一些极有限的交流时间，让孩子们潜移默化。

每周一节的中文课，需要承载传递中华文化的使命，但古典文化，对于学生来说是真的很难。他们对古代的东西不熟，而学习古代的东西又需要静下心来，不静下心来根本就走不进去。有学生说，古文比英文还难。

我一直认为，学习的目的不是去死记硬背，当然背也要背一点，但更重要的是读懂它并领悟背后蕴含的文化，从而给今天的生活提供参考。

于是，我采用说书形式：讲授一人—带出一生—体会一代，采用心理变化图抑或情感变化图抑或生命轨迹图的方式给学生提供一种学习的方式。

譬如，讲授杜甫时，问学生，这里官二代有多少？家里有官三代的吗？有官六代的吗？有官十代的吗？今天我给大家介绍一个官十三代的人，他是我们非常熟悉的诗圣——杜甫。

他一生有两个目标：第一，奉儒守官；第二，诗是吾家事。他围绕这两个目标追求一生，但官运是越走越差，诗运越走越好。

然后讲他一个阶段一个阶段做了什么，怎么做的，效果如何。当讲到“野无遗贤”全体落榜的时候，学生非常感慨。

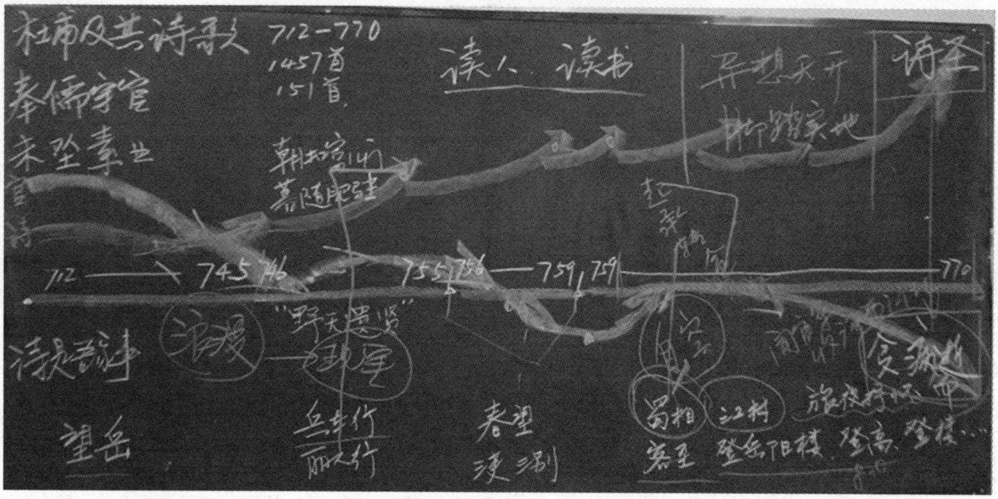

我分析了杜甫的个性，也概括了杜甫的诗从浪漫主义过渡到现实主义的轨迹。

“一人一轨一朝代”是我讲授的基本思路。

深入浅出、鞭辟入里、简单明了，深者听来不觉浅，浅者听来不觉深，是我讲授追求的境界。

【学生日记】>>>

※静宜

李白的诗被贺知章一眼相中，被称为“谪仙人”，杜甫却没那么幸运，他送韦济“读书破万卷，下笔如有神”，韦济却并没有带给他好官职。在困守长安期，他的诗风也由浪漫转为现实，用诗写“诗史”。

安史之乱后，杜甫的做官生涯便一路跌落谷底，再无起色，生活断了来源，最后贫病而逝。但杜甫的诗歌却愈来愈出色，李白一生只创作了8首律诗，杜甫有151首。《登高》是他的巅峰之作，“无边落木萧萧下，不尽长江滚滚来”中蕴含哲学，诗中哲学堪称绝作。然而他的诗在唐朝时却被埋藏在茫茫诗海中，到清朝时才被挖掘出来。

杜甫因病停酒，说明了酒不是诗人的必需之物。李白不能做官，是因为他得意便猖狂。而杜甫又为什么不能做官呢？他一生颠沛流离，太过清醒、太过现实了，性格决定成败。他在做左拾遗时，若没有帮助那个朋友，他的做官之路或许就会步步高升，但他为人太过仗义，于是丧失了做官的原则。

人生没有这么多如果，做官须有原则。

※久盛

有不少同学喜欢拍别人的照片娱乐。这无疑是令人难堪，丑化他人，攻击他人自尊的表现。当他们羞辱他人时，是否想过自己的照片被别人当作地上扬起的尘土一般践踏时的感受？同学间开点玩笑无伤大雅，一旦上升到攻击他人的高度便是一种可耻的行为了。

陶妈与我谈大将之风：大将之风，是一个管理者必有的气度，果敢、有魄力、做事干净利索、能统筹全局便是大将之风。我认为这需要培养我们对细节的把握，我们应拒绝优柔寡断，注意细节，才能拥有大将之风。

【再读之悟】>>>

有取便有舍，世上少有两全的事情，明白自己真正想要什么，求不到，也莫要着急，上天自然有别的东西给你。很少有人有这样轻松的心情，学习就是教我们如何看淡，如何看重。中国在数个世纪走在世界的前端，那些东西都是值得学习的。近百年的屈辱史，给我们留下了太多的痛苦，以至于我们现在提起那段屈辱的历史都会咬牙切齿。似乎从那时开始，我们就决定“师夷长技以制夷”，而对老祖宗留下的宝贝关注得越来越少。在离开我们美丽的祖国之前，我们应该好好研习前辈们留下的东西，这也是对中国人特有的归根性的传承。无疑，陶老师这样系统的文史交错、文理相渗的国学课堂拓宽了我们视野，丰富了我们的想象，深刻了我们的认识。

伊健

2018 年 4 月

2016 年 5 月 28 日

有疑，就进课堂去看看

【妙如随记】>>>

今天班会课由学生上，我只是和总班长久盛说了，要全英文，最后留五分钟时间给我提醒大家一点事情。

若我安排了内容，他们也是照着做而已，只说要他们做，怎么做、内容是什么则由学生根据班上情况去定，这样有利于摸清底子。

第三节课刚下课，一学生的父母来了，一进门就对我说："陶老师，这孩子变化太大了，像换了个人似的，没出现什么毛病吧？"我很诧异，站起来，笑着说："哦，没变化会心急，变化大了又心疑，这尺度还真难把握。这样吧，下节课是班会课，你们随我进教室听一节课再说。"

我陪家长一道进了教室，坐在后排。

上课开始，学生之间全英文问答虽结结巴巴的，但整体感觉很好。我和家长聊："你们不熟悉自己的儿子，但是我知道他基因好，所以，只要遇到适宜的土壤，适宜的温度，适时的阳光与雨露，就能绽放出异彩。"

学生活动完了之后，主持人久盛竟然说："我们教室后面除了我们可敬可亲的陶先生外，还有两位尊贵的客人，应该是我们某个同学的家长，我们掌声欢迎家长给我们说几句。"

家长刚来时，我没有进教室，进教室后也没有时间和久盛聊，久盛只是看到我的眼神，便能这般，我甚为欣喜。师生灵犀一点会，别有天堂在此间。家长赞道，这些孩子太灵活了！家长也看到了他的儿子在录像，很激动，讲了话。

听完课，家长说："对不起，我们冒昧了，您的方式是我们未曾企及的。"并说，他们是××大学毕业的，孩子一直是被老师投诉长大的，到我班上一个星期，竟还没有接到老师说他不好的电话，每天日记写那么多，跟他们说话的态度与之前判若两人，还有点思想，觉得有点奇怪，今天便过来看看，顺便接他出去一下。

我只能笑一笑，在怀疑的眼光里，孩子是长不出自信、大气的。用心去欣赏别人的做法，去登临你未曾登临过的他人的高度，是会进步的。

晚自习的时候，从网上彭颍的分享里看到了拉康哲学，谈及极简主义，我将它简化介绍给了学生。

Minimalist，极简主义，简单而言就是 Less is more，拥有的越少，越自由。

精神追求更多，物质拥有更少，会带来更多的乐趣。

决定你生命中什么是最重要的，并移除那些让你分心的东西。

繁华逝去，显露本真，一切多余的东西都移去，我们将有多余精力发现自己的真正需要，发现自己最重要的东西。

【学生日记】>>>

※伊健

我制订了《手机管理条例》的草案。这是我人生中第一次制订条例。

条例，这让我不由得想到了法家。法家之士大多被讽为刻薄寡恩。确实，制定法律并不畏强权与权贵作对是很招仇恨的，鼓吹它更是招仇恨的。正因为如此，法家之徒多数不得善终。但他们确实改变了世界！商鞅变法开创了封建先河，为中国统一立下不朽功勋。改革，的确有可怕的力量！这或许便是中国坚持改革并坚持依法治国的原因吧！

然而，法立得再好也是一纸空文，没有强而有力的执行者，这一切都是白搭！正如王安石变法和戊戌变法，它们都是强盛的好方法，却因为神宗的放弃和光绪的无力而夭折。

陶老师与我交流了一些有关日记修改的要求。老师希望我将文章写细，将思维辩证的过程写明白、写清晰，具有跳跃性思维的同时，注重逻辑思维。

※静宜

今天的班会由班长久盛、学习委员伊人和我共同完成。

在问答过程中，陶妈要求我们用英语，我原本很担心在我们抛出问题之后同学们会低下头，一片死寂。然而令我欣喜而又感动的是，同学们都在专心致志地思考问题，并积极举手回答，即使英文不够流利，发音不够标准，但每个人都有自己独特的见解。同学们如此给力，让我感觉身处55班真是一件幸福的事。

之后我们请唐颖的家长上台谈谈他的感受。后来陶妈在总结时，夸奖我们的情商高，她恰好有请家长上台的想法，老师学生之间心灵相通令她很是欣慰。我们听了后笑意也不自觉地爬上了脸，成就感变成一朵花在心中绽放，我们是一群有灵魂的学生。

【再读之悟】>>>

没有什么人是不能好好提升、成长的，只是没有用好的方法去引导他。相信能够成功，是成功的第一步。人的才能一开始就是被束缚的，只有当一个人能够甩开膀子努力干的时候，他的舞台才会渐渐扩大。想要看到一个人的表现，一定要给他一个舞台，给予他一个表现的机会。或许有人会说，如果他不愿意呢？那是因为没有自信，这时候就需要给予他自信和准备的时间，如果不是发自内心的不喜欢，一般是很少有人会拒绝表现自己的。陶老师就看到了这一点，智慧地引导了家长，巧妙地鼓舞了我们，且是在举手之间、微笑无语之中。

伊健

2018 年 4 月

——2016 年 5 月 29 日

《易经》，变化中看到不变

【妙如随记】>>>

万事万物都是变化的，变是常态，不变才是瞬间。《妙说易经》因为普适，所以播放给孩子们看一看，权当《易经》启蒙。

《易经》是一本 64 集电视连续剧的剧本，讲的就是天地、自然、人类相容相生的故事。它也是一本人生规划书，告诉我们从小到大一步一步怎样走会更好。它还是一本管理书，告诉大家如何修身齐家治国平天下。

《易经》围绕一个大问题“怎么获得幸福”展开，用乾、坤两卦作为总领，然后用六十二卦共 64 个话题构建了人们的生活网络平台，并依托自然变化规律和生活体验，剖析了经历过的 386 种具体问题，从变易、简易中提炼出了不易的原理，它是一部能让人将心安静下来，理性工作，温情生活的经典。

直接读卦，是读懂《易经》最简单直接的方法。举乾卦为例。

乾，元亨利贞。乾，象征天，父，男性。为首者利于做一切事情。

初九：潜龙勿用。龙在水中，旗帜不急于竖起。这个时期是个人练功夫的时期，要学会理性，只有沉潜得下，才能奋发得起。

九二：见龙在田，利见大人。龙到了地上，拜见大人有利。这时候要向周围的人学习，一人智短，有他人相助，立足、成事会容易许多。要向周围人学习，交往也是生产力。

九三：君子终日乾乾，夕惕若厉，无咎。有崇高目标的人，终日勤奋劳作，即使到了晚上也不松懈，严格要求自己，不会有错。说一千，道一万，两横一竖就是干。人强大的原因大多都是自强不息，自我监督。

九四：或跃在渊，无咎。有时腾空飞起，有时又潜入水中，没有灾祸。这个时期有了相对的自由空间。

九五：飞龙在天，利见大人。飞上天了，拜见大人有利。不同的阶段都有不同的情况，不同的时期立身、立言都有不同的标准，需要寻找相应层次或更高层次的人的导引。终身学习，学习就是生产力。

上九：亢龙有悔。龙飞得更高了，有悔意。到了这种境界，要学会反思，家人要理解要助力。与时俱进，若心中只有自己，最后只会孤家寡人。

用九：见群龙无首，吉。出现一群龙，没看出谁是首领，吉。这里很明确地点化大家，独乐乐，不如众乐乐。分享更是生产力。

按照天地人三才，乾卦揭示的幸福条件就是：心中有梦想、手中有事干、享受有他人。用另一种说法就是：有事干，有人爱，有所期盼。

对照乾卦，每一个人都可以看到自己成长的阶梯，感觉到自己达到了哪一层次。

《易经》不难，读它时要注意三点：

悠着点。《易经》的有序性很明显，六十四卦首尾相连，无始无终，是一个生生不息的宇宙。好的变坏、坏的变好都有一个过程，你得慢慢来，不急进，小步渐进。

变着点。《易经》语言的模糊性也明显。变易、简易、不易是《易经》的核心，变是《易经》的关键，是常态，不变才是瞬间，寻找到不变的规律才是至要。爻辞字少，含义多，在不同的语境里意思不同，不要钻牛角尖。

舍得点。《易经》的功能性很强，它的每一卦都取象于天地自然现象图景，直接指向一个特定的生活场景、故事，你能从中读懂一卦也会受益无穷，不要贪。

悠着点，变着点，舍得点，有了这三点，你不读《易经》，也懂了《易经》，自古就有“百姓日用而不知”之说。

当然，我这也是一家之言，每位读易者都会有自己的感悟。

【学生日记】>>>

值日班长：靖汶

今天早晨，陶妈说我们的早读还需更加落实，不能南郭先生吹竽，要每天早上听三十分钟的英语文章，三十分钟后每个同学都要轮流读。这样轮下来，同学们才能开口大声朗读并提高自己的英语水平。我们自己不努力，老师又有什么办法呢？

晚上，下课期间，老师收了好几个同学的手机。他们违背了将手机当作工具的原则。陶老师说，她也将七擒孟获。手机只是一种工具，我们要牢牢控制住它，而不是被它奴役。相信在陶妈的带领下，我们会越来越规范。

妙如妙语：学会规划。

靖汶心得：师傅领进门，修行在个人。

※静宜

今天看了《妙说易经》第一集，感觉似懂非懂，在这里浅谈一下自己的感受。

首先讲了一个小故事：子贡外调，孔子让弟子们用鼎卦卜子贡何时归，许多弟子卜出结果后纷纷认为子贡不会回来了，而颜回却说："无足，乘船而归。"果然，几天后子贡乘船归来。同一个师父同一个卦，卜出的结果却截然相反，正所谓"师傅领进门，修行在个人"啊。

《易经》不只是一本占卜书，也是一部百科全书，连教你如何谈情说爱都囊括在内。教人谈情说爱的卦是咸卦，说的是要一步一步，循序渐进，这样才能俘获女孩的芳心。其实做任何事都一样，总要有一个过程，不可能一蹴而就，一步一步，脚踏实地，根基稳了，成果才不会轻易被摧毁。

《易经》的核心就在于"易"，即变易，简易，不易。变易即世间万物都在时时刻刻、永不停息地变化着，简易即化繁为简，不易即世间万物皆变的规律是不变的。在这个飞速发展的时代，我们的生活日新月异，而我们要学会适应生活。如何适应？万事万物都是变化的，变是常态，不变是瞬间，所以要以不变应万变，学会抓住生活的规律，因为再不规律的事物都是存在规律的，这样便可化繁为简。

看了这集视频，心里越发明白，是一个怎样的人陪在我们身边。

※伊健

寒夜凝墨苍，邪云阻星芒。晨起东方日，红透半天光。

【家长留言】>>>

※家长斯琴

伊人，你们的“天天说道”我都仔细阅读了，你们每个人都写得很好。这是一种表达的方式，有些人喜欢把一些东西藏在心里，有些人喜欢把心里话说出来和大家一起分享，不管用什么方式表达，妈妈都希望你做真实的自己，不要伪装，不要在乎别人怎么评价你，讨论你。你不是生活在别人的眼里，你就是你，你有你的世界，你可以尽情地演绎你的人生，人的一生一定要活得精彩，活得有意义！所以，妈妈只希望你一定要树立正确的人生观，实现人生的价值！不要盲目追求和崇拜，有理想地追求，实现自己的梦想！说了就一定要去做，不要纸上谈兵，只有努力付出才会有回报，吃些苦，受些挫折，更能成长你自己，你的人生你做主，妈妈永远是你坚强的后盾！

2016 年 5 月 30 日

您的每一个字都会鼓荡在孩子心田

【妙如随记】>>>

一个家庭的幸福指数是以一个家庭成员所有的幸福指数总和来显示的，父母的幸福指数很大程度上会直接影响孩子。

怎样才算是幸福呢？婚姻关系是起决定性作用的。婚姻关系的好坏程度决定了家庭幸福的程度。父母价值观、人生观、世界观的一致性越高，合拍的程度就越高，婚姻关系就越好。

怎样做到一致性呢？请大家思考思考。

附上一组留言，大家看后可以谈一谈各自的想法。

孩子心声：

刚刚打了一个电话给母亲，没想到她竟然在抽泣——我的心像碎了一般，恐怖笼罩了全身，天地变得那么阴沉，宽敞的教室突然变得狭隘……我停止了呼吸，心中十分不安。这种感觉前所未有，就是死亡都没有使我这么不安，这么恐惧……

母亲告诉我，父亲和她闹了些矛盾。我并不相信，但是将且信了。母亲要我与父亲去谈谈，告诉他她在哭泣。我应允了。

母亲和父亲的生活早已变了，动不动就冷眼相对，乃至吵架。

记得小时候，母亲也差点与父亲离婚。因为我，母亲选择了妥协。

上次回老家，她就和我谈了谈她与父亲是否还要将就。我脑子那时不清醒，糊弄了过去。今天，才使我重新思考……

母亲又给我通了个电话，叫我不要分心，说没事的，是父亲翻看了她手机上的微信，大发脾气，扬言要离婚。她说这应该只是小吵小闹，没事的……

我对爱情的看法，多是因为受了父母的影响吧。爱一个人容易，一辈子只爱一个人难……这是多么痛苦的道理。当爱情失了衡，当爱情需要谎言来维持，当爱情变得僵硬，还会持久吗？真正维护爱情，并不是要“门当户对”，而是双方如何牺牲自己在自己心中的分量，来装进对方。如果这个比例失调，那么爱情就不会长久。所以我对爱情保持着距离……

家长留言：

儿子，你真的想多了，爸爸妈妈真的会没事的，就是因为你的爸爸妈妈是相爱的，所以才会偶尔有争吵，如果两个人连争吵都没有了就没有爱了。你不要多想，继续努力好好学习……爸爸妈妈都很爱你！

晚自习，我向学生荐读卢新宁在北大中文系毕业典礼上的致辞——《在怀疑的时代依然需要信仰》。节选两段于此：

我唯一的害怕，是你们已经不相信了——不相信规则能战胜潜规则，不相信学场有别于官场，不相信学术不等于权术，不相信风骨远胜于媚骨。你们或许不相信了，因为追求级别的越来越多，追求真理的越来越少；讲待遇的越来越多，讲理想的越来越少；大官越来越多，大师越来越少。因此，在你们走向社会之际，我想说的只是，请看护好你曾经的激情和理想。在这个怀疑的时代，我们依然需要信仰。

最后，我想将一位学者的话送给亲爱的学弟学妹——无论中国怎样，请记得：你所站立的地方，就是你的中国；你怎么样，中国便怎么样；你是什么，中国便是什么；你有光明，中国便不再黑暗。

【学生日记】>>>

值日班长：熙麟

我们看了《妙说易经》里面讲到的人生四大困境、八大顺境。

面对困难的万能三招：

1. 微笑：乐观、积极的向上态度。无论人生面临多大的困境，首先保持乐观、积极的心态，然后你的内心世界才不会被打倒，只要内心的世界不崩塌，外面风风雨雨过后，才会出现彩虹。

2. 厚脸皮：坚持。拥有一个强大的内心世界的同时，还需要一个外在的盔甲——坚持，坚持自己的原则，坚持自己的信念，坚持自己的梦想，坚持最后的自己，不到最后，谁也不知道会发生什么！

3. 拼命：尽力。用尽全力，用生命去做，用陶妈的话来说：“我连死都不怕了，还怕活啊！”

同样，面对顺境也有三招，取名为强盛三招：异想天开、脚踏实地、不存侥幸。我用三句话解释：

1. 处于顺境时，用你异想天开的想法，做出创新，把被动化为主动，掌握全局，看清局势。

2. 用心把事做好，让人觉得你可以，目的达到了，你的时机就来了！

3. 不要心存侥幸，多少英雄好汉阴沟里翻船，俗话说得好，“小心驶得万年船”。

妙如妙语：学会规划。

熙麟心得：顺其自然，顺势而升，顺势而退，灾可自保，喜可长存。

※茗轩

人由天定，人之变化源自天之变化。二四得八，八八六十四，自然根本，由易而杂，由杂而易；万物苍生，由阴阳共造，两面共存。古有圣人，代代相传，总结自然，推及人生。遂是写出自然法则，推及人之法则，成《易经》一书。

教育，当阴阳共济，刚柔并济，循循善诱，步步引导。教育，传知识是传钥匙，而光有钥匙还不够，还要教做人。我认为，《易经》就是一本教科书，是一本不简单的教科书。它教人如何渡过难关，如何宠辱不惊，甚至还教人谈情说爱，可谓包罗万象。

《易经》，重在“易”字。人生三易，变易，简易，不易。

教育，因学生而变，因材施教。学生复杂，但根本一样。《易经》包罗万象，教人“三易”，乃做人、做事的教科书。如果一位通《易经》的老师去教学生，那么这个老师，可谓像“孔圣”一样的教育家。

陶妈恰恰是这样的一个老师，能成为她的学生，可谓三生有幸。

教育，陶妈不单单是做“爱的教育”，还要让爱智慧，让教育温暖。这是多么难能可贵的老师！

“入狱身先，悲智双全。”只有老师先苦，成为圣人，才能去引导学生走向光明。陶老师就是这样一位老师。她很努力地学，很努力地超越，才取得了今天的成就。如果我们不习得老师的精华，去超越，我们岂不是愧对了老师，愧对了老师的良苦用心？有这样一位好老师，我们就不能松懈，我们应该超越前人，去创造辉煌！

余为璀璨之明星，终有一天，置身于苍穹，置心于洪荒！不愧今世天地养育之恩，父母恩师之怜！如不能置，也要开路，以济后人！

【再读之悟】>>>

陶老师每天的随记，或者晚自习推荐阅读之文，都是有针对性的，有深度，有高度，而且又是那样自然渗入，让我们在不知不觉中好玩一样地接受，这就是智慧，是艺术。

永远不要小看你的一句言语，一个动作，教育就在这一言一动中，它们总是可以在某个人的世界翻出风雨波涛。亲情是一种纯粹的感情，是与生俱来的，也是强大无比的。亲人所说的一字一句都会引发无限的力量，被自己的亲人所不理解、不信任，是一件无比痛苦的事情。对于孩子，应当以发展的眼光看待，也不应该觉得自己很了解他们。应当永远记住，孩子是未来，而家长只是现在。大忌，以所谓过来人眼光或长辈身份教训。教育是用事实说理，而不是强硬反驳，也不是教条戒律。如果想让孩子听见，试着去了解，明白他们的所思所想，说理时以事实，教育时树榜样。

伊健

2018 年 4 月

2016 年 5 月 31 日

当出口、出手时，您的影响就产生了

【妙如随记】>>>

二十九日晚，读到一个学生的留言，写得很有正气。主要讲他看到一个会场，一些大人们活动过后，里面到处是垃圾，烟味弥漫着会场。他提出，大人们应该随手将自己产生的垃圾带走，应该给孩子们树立榜样，做爱护公共卫生、维护公共秩序的好榜样。他还说，改变，是需要的，是从你我开始的，每个人要学会去发现，学会去改变，学会去传承。他说得字字真诚，句句在理！我今天单独提出来，以示对教育影响的敬畏。

曾子曰：“十目所视，十手所指，其严乎。”子贡曰：“君子之过也，如日月之食焉：过也，人皆见之；更也，人皆仰之。”只要你出现，你的一切都投影在学生眼里，植入学生心中。

故大人们必慎其独也！

【家长留言】>>>

※家长

在此非常感谢陶老师点醒了我，我理解了您说的敬畏影响，作为一个妈妈，和孩子说话一定要三思而后言，不然会给孩子造成很大影响。比如，前两天我和孩子的爸爸吵架了，正巧儿子打电话来，我没有经过思考在他面前表露了很不好的情绪和抱怨。第二天看到了孩子写的日记，我感到了深深的震惊和不安，他写了很多伤感情绪和担忧，表达了对家庭的堪忧和无奈。通过此事，我们做父母的有了深深的反思：就如陶老师所言，一个家庭的幸福指数是以一个家庭成员所有的幸福指数总和来显示的，父母的幸福指数很大程度上会直接影响孩子。作为父母，我们应该共同提升自己的价值观、人生观、世界观，从而提高家庭的幸福指数，让孩子无后顾之忧，开心快乐地学习、生活。

再次感谢陶老师建了这么好的一个平台，让我们能更多地了解孩子并及时地沟通。

※家长斯琴

伊人，每天看你们的“天天说道”，作为家长的我们也很受益。读书就好比旅行，不是急着赶路，而是要看路边的风景，领略大自然的神奇力量。从你小时候起，妈妈就带你走遍大江南北，让你懂得国内外的风土人情，你经历过的人和事，告知你人情世故的真、善、美。读万卷书，行万里路。你每上一节课要掌握书本上的中心思想、重要内容，把它们记于心中。读书要读活书，活读活用，学以致用。不要读死书，那是书呆子。这也是妈妈在你学习上的教导和别的家长不同的地方，所以你读书才不累，愿意读书。如果你喜欢读书而且有很大兴趣，证明你是一个真正的读书者，就好比你是一个真正的旅行者一样。

【再读之悟】>>>

会用眼睛看美好，世界才会是彩色的。这是陶老师给我们明确提出的人格标准。如果世界没有色彩，那我们也将失去对生活的希望，就不会上进。教育的目的就是使人上进，树立正确的世界观和价值观。那么是否说明我们要自动屏蔽生活中不美好的情况呢？不，只看得到自己好的地方，叫作盲目，觉得自己多好多好叫作自大。我们不但要看到它，还要盯着它。看到了不好的，就要正视它，还要改正它。敢于认错就可以叫作勇敢了。怎么做呢？看到别人做得不好就去劝阻，而自己也不做坏事，从自己做起，也要劝导别人，贡献自己的力量。

伊健

2018 年 4 月

2016年6月1日

井蛙、夏虫、曲士的局限与优势

【妙如随记】>>>

受邀为《十几岁》和《潇湘晨报》等多家媒体组织的全省高中、初中组做作文大赛最终评委并写点评。文章已经通过初评、复评，到我这里是终审。

我读了以后，发现文章都不错，便将一百多篇文章分给孩子们，让他们也读一读，评一评。其实，就是想让他们了解同年龄段孩子的不同思考，丰富见识。

因为不断地阅读名家名文，及这些孩子的文章的撩拨，学生写作欲望更增，思维的弦全面触发，想象的天空越发高远，下笔就是文章。

茗轩同学写下了下面的感受及随笔（节选）：

“井蛙不可以语于海者，拘于虚也；夏虫不可以语于冰者，笃于时也；曲士不可以语于道者，束于教也。”

我以为，庄子的意思首先是教人不要去和一些志不同道不和的人讲一堆没有用的话。古，孔子出游，遇一农民，欲要草饲马，让子路、颜回去问，都不成功。结果是被马夫说通的。（这是个例子，具体怎么样也忘了，可能和实际故事有出入，望谅解！）这和庄子的言论有异曲同工之妙是不是？有些学生硬是以为“大道理”就是好东西，是一种教诲，知道了就可以变得优秀。为什么我们不去设想，跟一个农民谈政治有什么用呢？如果农民甚至受到了影响，耕不好地，那才是大罪！

【学生日记】>>>

值日班长：天祺

今天是六一儿童节，希望班上的“小朋友”们静下心来。

第一节晚自习，陶妈没来，我们各司其职，仿佛毫无影响。到了第二节晚自习陶妈才来，我们开始使用手机上传我们的日记。到了第三节晚自习，忽然，“叮”的一声停电了，令我最意外的是同学们十分镇定，只是拿着手机继续打文章，毫无惊诧，这就是我们在国际部里的提升吧！

内心如果平静，外在就不会有风波。

【家长留言】>>>

※家长 chian 胡杨

决定在这里写这条评论时，我足足沉思了近半个时辰，竟不敢随心而论。我得认真地先给自己定个位，至少，在这一篇篇的文章面前，我不认为我是一个长者，作者也不再是我的孩子，却更像是我一个多年未见的笔友，字里行间尽显学者风范。其文笔之流畅，逻辑之严谨，分析之透彻，无不让我心生共鸣。在此，我谨希望作者能多感悟社会，体验生活，继续妙笔生辉，我愿不时拜读，以图共勉！谢谢！

【再读之悟】>>>

局于时，趋于势。安于本，守于分。人人都有局限性，人人也应当以自身的资质来进行发展，老师按照每个人的不同特性来教授，做到因材施教，真可以如孔子所言“人人皆可以成尧舜”。这并不是说一个人一定要成为国家领导人，但是一定要把自己的才华发展出来。即使是很小的事情，认真地做好，也是为家国出了一份力。对于基础不好的学生，不能直接从难的地方讲起，否则不但不能教好，还会使其丧失对学习的自信。应先让他做题，知道他的水平，再斟酌教授。

伊健

2018 年 4 月

2016年6月2日

生活是戏，却没有彩排

【妙如随记】>>>

今早，在黑板上写下了“孩子，学会活化”几个字。写下这几个字，是从副班主任 Andrew 那里得到的启示。Andrew 是美国来的，他每周有三节课，每天他都在和我讨论课怎样上，他的每节课都不同，变着法子将知识活化，这是我欣赏的，也是我一直坚持的。上周星期天，他就对我说，他想上一堂电解水的课，想自己用废料组装一个这样的装置。于是他东拼西凑，竟然组装成功了，还在我办公室反复实验，确保可以成功才放心。他说，要让学生知道，不是什么东西都准备好了才可以实验的，而要在没有器材的情况下自己创新出来，这才是真正地面对生活的态度。他送我的礼物都是他自己雕刻的木质书签，很精致。

生活是一场不到终点不谢幕的戏，但都是没有彩排的，一切都在变化中，学会面对是关键。

【学生日记】>>>

※伊人

今天是第十八天了，我来对我自己的变化做个评价吧。

第一，我变得积极了。我以前上课经常不举手的，因为我怕答错。我在很多课上基本会保持沉默，好像教室里没有我这个人一样。看到现在课堂上的我，是不是特别惊讶？我现在上课都被视作积极的那个，陶妈说舍得出丑，才能提升自己。

第二，我敢说了。我以前站在外国人面前，会到处躲。我连问好之类的话都不敢说，现在，我可以比较流利地与他们进行交流，可以做个小小的同声翻译。

第三，我敢写了。我以前是超级讨厌语文的，而且也害怕写作文。每次写作文都像挤牙膏一样，所以我将有多节语文课的那天称为黑色星期二。但是，在陶妈的带领下，我竟然养成了写日记的好习惯，一到晚上，就习惯性地拿起本子记录一天的事情。我再也不害怕写日记了，也慢慢地对语文产生了兴趣。

伊人心得：学会面对，学会活化！

【家长留言】>>>

※家长斯琴

伊人，你在国际班的这十八天里，收获了很多，也成长了很多。随着年龄的增长，在国际部老师们的耐心教导下，你们每个人都获取了不同的学习心得，学会了坚强和勇敢，拥有了独立思考的能力和对学习的渴望。读书是你走向成功的基础，虽然读书不是唯一的出路，但没有文化是非常可怕的事情。你们这个年代，是瞬息万变的时代，如果没有知识你们会寸步难行。现在你们生活在最好的年代，一定要沉下心来好好学习，学习中西文化的精髓，勇于挑战自我，做一个有理想抱负的人！妈妈永远相信自己的女儿一定行的。

【再读之悟】>>>

善于变通，善于利用身边的一切。当身边的一切都已经转通时，离提升也不远了。陶老师曾经说，《易经》是一部六十四集的生活连续剧，所以说，生活就是一部戏，但是从来没有重拍。生活没有彩排，所以要尽力充分准备。生活是美好的，每一刻都是诗，都是美文，即使是苦难，也是上天赐予你的礼物，“所有杀不死你的，都会使你更加强大”。做好每一天的准备，用全力迎接每一天，不论是否顺利，拼尽全力，也就无怨无悔了。

伊健

2018 年 4 月

2016年6月3日

您在读书，孩子不读书的少

【妙如随记】>>>

1. 相生论

有朋友电话："妙如，你来帮我管一管孩子，他总不想读书。"

我问："你在干吗？"

她答："你知道我只有一个爱好。"

你把麻将馆开在自己家里，你在玩，要小孩子认真读书，只有两种情况有可能：第一，遗传有变异；第二，那小孩子是你领养的。

有些业余爱好是可以允许的，我们不可能为了孩子完全放弃自己的生活，但要注意分配好时间、空间，家长玩，也要有节制。

孩子，也不能"绑架"父母，孩子和父母之间的关系应该三种情况都存在：相交、平行、异面。这样，父子、母子之间才会彼此自由却又相互促进。

2. 名坐标

我发两则在网上看到的小故事，你自己看：

一个儒雅的人，喜欢看书，家里到处都是书。餐厅、卧室、书房、厕所、阳台，随处可见历史、哲学、心理书籍。他爱人是大学老师，开朗爱笑，做得一手好菜，她比较喜欢情感和艺术方面的书籍。一家人吃完晚饭后就出去散步半小时，回家后就聚到一起读书。小孩子有什么不懂的章节就问大人，大人就放下手里的书，微笑着耐心解释，一家三口其乐融融。

一个单亲工人家庭的孩子，家里非常穷困，成绩非常差。家长会上，老师找父亲谈完话之后，父亲苦思一夜，终于想到一个办法：孩子每天放学后，把老师教的内容，重新教给父亲一遍，父亲和孩子一起学习！结果这个办法效果显著，孩子发现自己每天的学习意义非凡。一直到孩子考上重点大学，父亲才没有和孩子一起学习，坚持了那么多年，父亲也学到了很多东西。世界上有学习成绩不好的孩子，只因有不会用心的父母。

陪伴和参与，不是你站在孩子身边玩手机，而孩子一个人在做作业；不是你在打着麻将，而孩子一个人在书房看书；不是你在追着肥皂剧，而孩子一个人在玩着积木。

真正的教育是一起学习，共同进步。

您在读书，孩子不读书的少。

【学生日记】>>>

值日班长：鑫威

最后一节课，我们换教室，搬到了一间更大的教室去了。陶妈安排久盛指挥，说班长说可以了就可以了。结果久盛这里看看，那里摸摸，非常严格。两节课时间，我们将教室打扫得干干净净，一尘不染。

妙如说法：要学会有序落实。

鑫威心得：学习如同逆水行舟，不进则退。

※茗轩

真相往往使人受到痛苦的侵袭；而痛苦之中，往往蕴含着最可贵的真相。

把钱当作目标是迷茫的，把梦当作目标是愚蠢的，把心当作目标，才是真实的。

你永远战胜不了命运。但，你可以改变它。

抗拒风的力量，不如借助风的力量。

世界最高的峰，是人的头顶。

※伊健

今天很忙、很累，直到很晚才有时间思考。

昨天曹老师提到半途而废，说我们班大多数人曾经学过书法，如今却荒废了。半途而废，是啊！我有多少东西都已经荒废了！小时候学过绘画，如今已经什么都画不成了；以前学过书法，现在却常常被人讥讽字写得丑；假期学过吉他，如今连和弦也记不得了。写到这里，总觉得人生是失败的，什么都半途而废，什么都一事无成。我曾想，这些东西我是否能捡起来？或许可以，或许不能。我可以选择捡，但我不知道我会不会再次荒废它们。

凡事都贵在坚持，只有持之以恒才会有一番成就。偏偏我是一个没耐心的人，凡事都只有三分钟热度。这应该是我性格中一个非常不好的部分，我或许要尝试挑战它，击败它。

在之后的假期中，我希望我能一边学英语，一边选择一个东西捡起来。我必须每天思考，正如《盘铭》云："苟日新，日日新，又日新。"

【家长留言】>>>

※家长斯琴

伊人，你能够认识到自己学习上的不足，能够去改变自己，激励自己，以久盛和静宜为目标，这样很好，但是要坚持，而不是说说而已。读书是自己的事，没有人可以改变你的一生，只有你自己坚持去做，才能青春无悔！作为妈妈的我，不强迫你做任何事情，只告诉你做人做事和读书的道理，希望你能明白并接受。想做一个成功的人就必须付出努力，不是体现在口头上而是行动上，你选择留学美国，那么希望你能不被这个社会和国家淘汰，而是在将来有自己的一席之地。妈妈40多岁了一直在学习，包括英文，就是不想被out了，要做一个能与时俱进的妈妈，成为你心目中的好妈妈！

※伊健妈妈

很高兴伊健能够自省，能够认识到自己的不足。种一棵树最好的时间是十年前，其次是现在。从现在开始改变自己永远都不会晚！加油！

【再读之悟】>>>

用自己的实践去影响，改变，无声无息，你将发现，世界竟精彩许多。为什么一定要读名校呢？除了学术之外，更多的是一种氛围，环境对一个人的影响是巨大的，这就是为什么要有良好的家风、国风的原因。读名校，更多的是为了接受那里环境的熏陶。人人都拼命了，你不拼命吗？而家风也是对孩子影响巨大的，这也是为什么会有书香世家、医药世家的存在。不单如此，各种“风”对一个人的成长都有着巨大的影响。橘生于淮南则为橘，生于淮北则为枳。

伊健

2018 年 4 月

2016 年 6 月 4 日

发生指数般成长的前提

【妙如随记】>>>

1. 相生论

第一，孩子自己有想法要读书才是最关键的。

第二，让孩子养成一些良好的习惯。

想要养成一个习惯，一般要以同样的方式重复同一件事 21 天。有些会需要更长的时间，有些会短些。若这个习惯是在一个新建群体里养成的，这个群体解散后，人们回到原来的环境中，开始几天会因习惯使然，按照习惯做事。但过了几天之后，一部分人就会受原环境引力的影响而回到原点，若回到原环境时间很长，之前养成的习惯就会逐渐消失，甚至看不到任何痕迹。

等到这个群体再次集中的时候，要唤醒原来的习惯需要的时间，比新建群体时习惯养成所需要的时间更长。原因之一就是产生了抗体。

所以家校协作，关键是让孩子们养成一些共性的基因。

一般的成长大多数是线性的，但遇到一些新的高层次的同伴、老师，便会发生指数般的成长。具有怎样习惯的人会遇到高层次的人呢?

2. 习惯操

◎智商（头脑健康）

有人说，老年人有两大活动可以延缓身体的衰老：跳舞、打麻将。合适的运动越多，身体就越健康。用脑用得越多，脑子就越不容易退化。

读点书，是去读书，而不是只看博客。真正的高质量的书籍都是有思想的，是作者生活阅历的精华。

写点文。写作是记录思想的唯一方式。每天把自己的经历写下来，就可连缀成成长的轨迹，像 www. miaoru. com（让爱智慧——陶妙如教育实践活动）一样。

每天记录，还会帮你整理纷乱的思绪，形成自己的一套完整的想法。

脑子越想越活，做事的速度也就越来越快。越接触新事物，越频繁地尝试新事物，大脑就越能得到锻炼。

多做事，多经历，脑子会得到更多的开发。

◎体商（身体健康）

身体不好了，你就没本钱了。身体是生活的本钱。

按时就餐和运动。

吃好一点。想象一下，你的身体是一栋房子。

◎情商（和谐关系）

与亲人的关系，以及同学、老师、上司等的关系。

多一位朋友，多一条路。

学会记住，学会原谅。

记住别人对你的好，原谅别人对你的不好。

感恩帮助你的人。引渡或者避开传递负面情绪的人。

◎财商（学会理财）

吃不穷，穿不穷，盘算不清一世穷。

理性消费，学会理财。

◎语商（学会沟通）

减少误会，多加沟通。能让小孩子听懂你的意思，你的沟通能力就很强了。

学会用专业语言交流。

有了以上五种习惯，你就可能实现你的指数型成长。

记得自己永远握有选择权。永远记得，你是自由的。在对的时间，做对的事情，实现你的指数型成长。

【再读之悟】>>>

习惯是一颗种子，当种子指数般成长后，将会得到不一样的植株，当然，这些都取决于小小的种子。在老师的描述中，想遇到能帮助你实现指数型成长的人，需要五点：智商、体商、情商、财商、语商。

陶老师曾经说过："未来的高端人才是才财双能结合的人。"智商智慧是成功的一大要素，如果没有足够的才能，是无法融入高端社会的。体商健康是一切的根本，俗话说："身体是革命的本钱。"没有一个健康的身体，一切都是免谈。情商交际是力量的凝聚，一个人的力量无论如何都是有所局限的，未来更依赖的是团队而不是个人。财商经济是背后的腰杆，在未来的世界，经济实力占非常重要的一部分，一切的社会活动都需要经济实力的支撑。拥有其中几个点则拥有遇到贵人的潜质并开发其余几项，都没有也不要急，好好学习。从提高智商开始，运用学习的机会锻炼交际，适当的体育运动保证身体的健康，至于财商，这是需要锻炼的，锻炼经济意识、理财意识，不攀比，量力消费。

伊健

2018 年 4 月

2016年6月5日

尊重人的最高境界

【妙如随记】>>>

尊重是很重要的，可是怎样尊重呢？很多人不知道，有示范，却又视而不见，所以整体素质提高慢。

一次，叶淑穗和朋友一起拜访周作人。他们走到后院最后一排房子的第一间，轻轻地敲了几下门，门开了。开门的是一位戴着眼镜、中等身材、长圆脸、留着一字胡、身穿背心的老人。他们推断这位老人可能就是周作人，便说明了来意。

可那位老人一听要找周作人，就赶紧说“周作人住在后面”。于是，叶淑穗和友人就往后面走，再敲门，出来的人回答说周作人就住在前面，这排房子的第一间。

他们只得转回身再敲那个门，来开门的还是刚才那位老人，说他自己就是周作人，不同的是，他穿上了整齐的上衣。

夏衍临终前，感到十分难受。秘书说：“我去叫大夫。”正在他开门欲出时，夏衍突然睁开眼睛，艰难地说：“不是叫，是请。”随后昏迷过去，再也没有醒来。

尊重的最高境界不是体现在轰轰烈烈的大事之中。有时候，越是微不足道的生活细节，越是不经意的自然流露，越发见到尊重的可贵。

【家长留言】>>>

※伊健妈妈

进入国际部学习短短的十几天里，深切感受到了孩子们的学习干劲和发展势头实实在在的不一般！孩子们的英语、书法、国学等各方面都有很大的提高，感谢陶妙如老师的谆谆教导。55 班的孩子们在陶妈妈的精心呵护下，正以矫健的身姿阔步迈向辉煌灿烂的明天！

【再读之悟】>>>

尊重是一个人最应有的道德，尊重他人，就是尊重自己。每次微笑都是播种一缕阳光。尊重的重点在于让对方不尴尬，站在对方的角度思考问题即是对对方最大的尊重。人们总是轻视尊重的力量。之前我们总是提到，一个小小的行为可能会在对方心里翻起波涛巨浪。从自私的角度来说，尊重他人是为了让他人尊重自己；从无私的角度讲，这是对社交环境和谐构建的一份贡献。对陌生人的尊重，是对他人情绪的甘沐，对他人生活的慰藉。对友人的尊重，是相濡以沫的互相支持，互相鼓励和包容。

伊健

2018 年 4 月

2016 年 6 月 6 日

懂得常识，是素养的基本元素

【妙如随记】>>>

星期一，晴天，学生集合在广场举行升旗仪式。

按照惯例，老师一般都是站在后排，可以看到全场情况。无数次的升旗，无数次的观看，都会出现一些情况，老师和学生都有缺乏升旗常识的。

仪式开始了，师生均有不是肃立姿势的，尤其是德育管理人员，还有几个在走来走去，维护秩序的。

其实，以静制动这个成语，不是随便来的。它源自老子“无为而治”的理念，并不是不作为，而是一种更高的作为智慧：它所希望的是一种主动接受的状态，一种灵活的态度，遵循自然，遵守事物的规律，找到最恰当的方式才为。

升旗，事先要和学生一道学习国旗法，都懂了常识，升旗时也就清楚程序了。否则知道要升旗，却不知道怎样升旗。

《中华人民共和国国旗法》第十三条：

升挂国旗时，可以举行升旗仪式。

举行升旗仪式时，在国旗升起的过程中，参加者应当面向国旗肃立致敬，并可以奏国歌或者唱国歌。

全日制中学小学，除假期外，每周举行一次升旗仪式。

懂了常识，升旗时，没有人走动了，这就静了；全站定了，眼睛朝着一个方向，心就静了。老师非常标准地站在那里，就是学生仿效的榜样。

任何一种法规、制度都需要人来落实，来规范。上行下效，示范很重要。

【学生日记】>>>

※茗轩

夏日里，湖水旁更凉快。但是湖水旁，却有更多的蚊虫。

这便是代价，在这儿我半夜三更只被热起来一次，被蚊虫咬醒来却三四次。梦做到一半就醒了，还迟迟睡不下……这感觉是差了，但是也得安心，不然就真让那些咬了我的蚊虫笑话了。

【再读之悟】>>>

知何为，然后知其所为。晓所想，然后解所念。在这篇随记中，陶老师提到了老子的无为而治。所谓无为，在于无所不为，它并不意味着什么也不做，而是对自然的顺应，主动接受和承受。不会学习，按照无为应当怎么做呢？首先借鉴，观察别人是怎么做的；其次是分析，如何做是最好的；最后才是尝试。在历史的漫漫长河中，西汉的早期是运用道家的黄老之治。这也是西汉文景之治所能产生的原因。道家所崇尚的是避免冲突，顺应时势。

具体到事例是怎么样的呢？就像上面的升旗，如果不会，那就学习，学成再树立标杆，上立而下效。学习就是借鉴，树立标杆是分析后的做法，达到上立而下效的目的。

再举一个历史例子，西汉时，曹参接任了萧何的丞相位置，让人不解的是他并没有做什么政绩，也没有做太多改变，只是随着萧何所定的规矩。当别人问起时，他只是说，萧何已经把所有的都做好了，他所制定的也符合现在的时势，只需要照着做，国家就能安定富足。这就是著名的萧规曹随。借鉴，分析，再实施。

伊健

2018 年 4 月

2016 年 6 月 7 日

致孩子们爸妈的邀请函

【妙如随记】>>>

按照计划，衔接班一个月的时间结束时要进行一个展示，主题是“献给爸妈的歌”，要孩子们自己准备，全英文。孩子们说，爸妈很忙，没有时间来。还有的说，他在这里读了九年书了，家长还没有来参加过一次会议。我笑，说，如果我发邀请信，家长一定会到。于是，我写下了下面的邀请短信：

尊敬的孩子的爸妈：

您好，我是您可爱的孩子的班主任陶妙如。与孩子近一月的朝夕相处，深感孩子向上的力量开始涌动，为自己设计未来的决心开始坚定，作为老师，倍感责任重大。为助力孩子稳健成长，两年或三年顺利踏上心愿旅程，经部门张主任同意，特定于 6 月 15 日 14：20 在我们 55 班教室举行学生英语演讲展示活动，主题是“献给爸妈的歌”。您的孩子有展示，特请您准时入场欣赏，并共同商议孩子未来的规划。

尊敬的家长，孩子说您很忙，不一定能来。我说，孩子，你放心吧，爸妈大多是为了孩子，只要你有进步，就是他们最大的收获。

6 月 15 日见。

陶妙如上

今天是高考的第一天，我受多家媒体邀请为高考作文点评。现分享如下，看我们从高考里能得到什么养分。

高考题一公布，普天同议，众说纷纭。究竟怎样看待高考呢？我们从高考中能获取些什么呢？

高考是目前对每一个考生最公平的选拔。以 2016 高考作文试题为例，我们来分析一下。

阅读下面的漫画材料，根据要求写一篇不少于 800 字的文章。

（据夏明作品改动）

要求：结合材料的内容和寓意，选好角度，确定立意，明确文体，自拟标题；不要套作，不得抄袭。

写作的目的是表达，表达有三个层次：目的明确、思路清楚、详略得当抑或主次分明，这是基本层；所表达的内容让别人一看就懂，所陈述的观点让人能够接受，这是写作第二层；深入浅出、鞭辟入里，能引发思考，给人启示，这是第三层。

怎样的作文材料能唤醒考场上学生的写作欲望呢？

有话说，能说的很多，可以深入地说！

我曾多次参与湖南省高考命题，对高考题有一种特殊的感情，因为那不是简单的时间叠加，而是几十人智慧的集合。

就拿上面这道题来说，看到这道漫画作文试题，我内心的激动是不言而喻的，这个作文题我用三个词描述：现实，温暖，智慧。

现实：这则漫画所指古今皆有，处处可见。如此命题，直接指向教育评价标准抑或人才评价标准抑或为政评价标准，体现了文章合为时而著的特征！如此命题，直击现实中存在的这种有失理性的现象，让天下考生都来参与思考问题，发表看法，为解决这类问题提供参考资料，向所有考生提出了一个永久性的教育话题：教育就是人人参与，人人教育。有高度。

温暖：这则漫画所指现象，因为太常见，所以考生应该人人有话说，能说心里话，体现了人性关怀的广度。全国太多的考生，城市、农村要有一个比较公平的话题，要让每一个考生都能自然地发出自己的声音，是非常不容易的事情，这道题，无疑能做到。他们可以写自己亲历的故事，也可以写对这种现象的看法，还可以推究这种现象的产生原因、形成过程以及解决办法。

智慧：这道题选料妙，设题简，可区分，体现出命题者智慧。这是高考，高考语文的区分度在阅读，但更在作文。这则漫画可以激活考生，个个需思考，但考生思维的品质、思考的深度、透过现象看本质的能力决定了学生文章思想的高度。言之无文行而不远，通过合宜的表达体现深刻的见解也很重要。这类材料稍不留意，就可能成为对老师的控诉，对教育的控诉。所以有理性地看待材料，分析材料，找准命题者意图，也并非那么容易。

说真话，说心里想说的话，说能给人以启发的话，这是指导学生学会写作，达到生活哲理化、哲理生活化境界的不二法门。语文教学应该怎样教，这道作文题，给了我们很好的指向。

为国选才，区分水平，检测教学，指导课堂，这是一场考试应有的功能，它不是一张简单的试卷。

【学生日记】>>>

值日班长：岳东

以前发手机的时候，我们一拿到手机就想去看QQ、微信什么的，现在不一样了。我们班现在基本上每个人拿到了手机就开始工作了，有的看文章，有的查单词，有的打日记，有的在用BBC或者VOA听英语。所以我认为我们班现在的进步是很大的，这些是值得表扬的。

今天我看了高考的作文。“浅人只能看到浅东西，高人才能领悟更多。”我认为我自己就是浅人，只能看到表面的东西，不能看出深处的东西。我认为我这方面要向我们班的高人——茗轩同学学习，这样能提高我这一方面的能力。“大众的评论才有权威，大师的评论最有借鉴性。”这是茗轩看了我们陶妈对高考的点评后的留言。

晚上，陶老师发出了邀请短信，邀请家长参加我们15号的英语演讲展示活动，我们很多人都担心家长很忙，不会来，读了陶老师的短信，觉得是我们还不懂爸妈。

期待着爸妈的到来——

岳东感悟：时间不在于你拥有多少，而在于你怎样去使用它。

妙如寄语：时光于人一样，看谁利用得更加有效。

2016年6月8日

孩子，展示是要硬本事的

【妙如随记】>>>

今天，高考第二天，我受多家媒体之邀对全卷点评。现将点评附上。

厚重、高雅、大气
——2016高考全国卷Ⅰ试卷点评

中学语文特级教师　陶妙如

这是一首史诗，又似一幕历史剧，还像一篇哲理散文。从对殷墟甲骨的研究、盛唐诗人、宋朝官场到清，民学家至今日田园，工业的变换到陈忠实的境界，由语文功用的表达题到充满了温暖、智慧的直击生活现实的漫画作文题，跨度几千年，流线很优美，场景很清新，踩点很独特。学术研究的严谨，官场驰骋的褒贬，盛世下才子的惆怅，即将逝去"锄"之寄托的魂灵，天地舞台中自悟的精英，无不从这一巨幅画卷中呈现。这是我用近两个小时做完打印的2016高考全国卷（湖南用卷）后的第一感觉。

高考有两大主要任务：一是选拔人才，一是指导中学教学。还有一点，给孩子上好中学阶段最后一课——知识、能力、品质的融会贯通展示课。为此，一套高考试卷的普适度、难易度、区分度就是选拔考试要注意的元素了。高考是国考，语文考卷是普通话代表卷，试卷的目标性、导向性、教育性不可能不考虑。于此，考卷不仅仅只是知识考点的聚焦了，也聚焦着当下中国文化状态或走向，更聚焦了我国数亿人的眼光、鼠标。

带着这样的思考，面对这张试卷沉思良久，我不敢随意妄言，只有心生敬畏。下面我从选料角度出发，谈一谈我个人对这套试卷的粗浅的理解：

第一则，摘编自朱凤瀚《近百年来的殷墟甲骨文研究》第一部分。材料呈现出厚重的特点，折射出学术的严谨，告诉我们文字、文化研究的意义。着重考查了学生理解文本及筛选信息的能力。和历年的考题相比较，相对稳定，难度适中，有效考查了考生深入理解文本的能力。

第二则，节选自《宋史·曾公亮传》，看到这个选料，我仿佛看到了命题者温和中凸显出大智的面庞。2015 年的文言文选材于《宋史》中的《孙傅传》，2012 年选取了《宋史》中的《萧燧传》，2011 年选取了《宋史》中的《何灌传》，六年中，四年都选了《宋史》的人物传，真可谓大气！这也分明在强化，《宋史》的可读性很强，对人物的评价或褒或贬，客观朴实。提醒着求学的考生，为官不论功过，历史自会评说。提醒学习者阅读不要投机取巧，用心读好一本、一类有价值的文本，观察分析事物的能力就会提升，会做题那是一个自然的事情。设题：文言断句、文化常识、细节辨析、文言翻译。目的在于引导学生掌握正确的文言文阅读方法，在根本上解决文言文阅读问题。

第三则，唐诗，李白的《金陵望汉江》。名家名篇，凸显出试卷的大气。一般认为出题者就是要出别人猜不中的题，选你不熟悉的内容、作家。出题者是否为业内大家，从选材就可看出。设题更是简单，将诗歌的“情、意、法”三字，落实在第 8、9 两个问题中，第 8 题引导考生理解诗歌写景不是为写而写，第 9 题考查学生对诗词情感的理解，问法综合性较强，目的在于引导考生真正读懂诗歌，读活诗歌。

第四、五则为并列材料，依然遵循二选一的形式，一篇小说，一篇人物记，难度相当。材料不仅有美感，更有质感。其中文学类文本阅读选取了作家李锐的以农具为意象的《太平风物》中的锄，小说以古老的传统农具锄为线索，把数千年悠远的农耕文化与现代社会放在同一平台上使之碰撞，从而把中国农民与土地、农具之间血肉相连甚至生死与共的关系，表现得刻骨铭心，同时农民在失去土地和失去世世代代生活方式、生活环境后的茫然，创痛和决绝，也在作家的描绘中自然流泻。这无疑是提醒我们，社会是发展的，要怎样看待，怎样适应。设题分别从艺术特色、文本线索、小说主旨、情感作用几个角度进行了考查，这些题型都是学生备考中的常规题型，难度不大。

实用类文本阅读摘编自陈忠实《寻找属于自己的句子》、李清霞《陈忠实年表》等。风格稍有变化，将非连续文本整合在一起，分别考查了分析、比较、归纳概括等能力，相比之下，实用类文本阅读难度稍有增加，考查更加趋向于对文本逻辑的理解，但因为考生有自由选择的权力，所以总体上难度不大。

名句默写以及表达题，选料都比较温和。

作文点评见6月7日稿。

顺便和学生交流了做人三词：诚信，宽容，智慧。

【学生日记】>>>

※小川

今天只要一打开手机，就能看到关于高考的新闻，正面负面的都有。

我认为万事没有绝对，也无法做到绝对。中国人口基数大，高考是目前最适合中国选拔人才的方式。高考最关注的不是一个学生到底有多聪明，而是他到底有多会学，有没有坚定的毅力。

许多人会认为中国的教育把学生的批判性思维抹杀了。我不这么认为，我们现在就享受着开放式的教学。张主任之前上了一次关于批判性思维的课，问我们有没有发现他黑板上的错误，没人找出来，张主任可能认为我们的批判性思维被抹杀了。其实不完全是这样。更多的原因是，我们学到的知识和单词量还不够。面对不会的单词，即使被告知哪里有错误，学生照样不会改。这是目前我们最大的问题。思维可以培养，知识只能靠长时间的积累。待到饱读诗书之时，还怕知错无法改吗?

※茗轩

今日陶妈聊了做人三词：诚信，宽容，智慧。

我自幼就信奉“年少莫轻狂”，但言行中却无意间显露了自己的缺点。陶妈曾经点拨我，要以温暖让他人信服你。我还是太冷……或许是因为性格吧，我真的缺少温暖。在明明可以照顾，可以温暖的地方，我又犹豫不决。看到街上的推车老人吃力的面孔，我很想帮忙，却僵直着身子……我几次三番想要为爸妈去做些温暖的事，却从没实现……我只是默默地计划去写一本记录社会底层人民的书，打算就在这个暑假，但是我却懒得动手……

预感告诉我，要来国际部，要来衔接班，这可以决定我的一辈子——所以我这一辈子才为自己做了这一次选择……

我所要接受的洗礼，是前所未有的。成功了，世界会更美一点儿。失败了，将前功尽弃，一切被历史的烟云所淹没……

老师教的，都是我要改进的。我要改进的，是成功必备的法则。

妙如回复

看了你的文章，和你交流，其目的是希望你慢慢尝试“自通任督二脉”。

2016 年 6 月 9 日

端阳节话大师

【妙如随记】>>>

今天是端午节，也可叫端阳节，和学生谈到了吃粽子，也谈到了伍子胥、屈原。特别介绍了屈原这位世界文化名人，但没有做很深入的分析。

1. 常识论

有人说，端午节不能说快乐，要说安康。其实安康与快乐都是祝贺语。

“端”字在甲骨文里，左边的“立”是站立、直立的意思，右边的“耑”是表示一个圆弧形的山头。要在圆弧上站稳，必须站正、站直，站在中点上。端阳就是表明太阳端端正正直射到北回归线上，是阳气最盛的时候。“阳”代表生长、活力、进取、刚强，代表正义与吉祥。端阳节后来才被赋予社会意义，譬如纪念屈原。

2. 名坐标

一代宗师——顾毓琇，在近现代的中国，他是神一般的存在。

电机权威、教育专家、文坛耆宿、桂冠诗人、话剧先驱、古乐泰斗、爱国老翁，你能想象这字字珠玑的 28 个字是用来称誉一个人的吗？

他在清华苦读 8 年，毕业后赴美留学，仅用三年半，拿下麻省理工学院的学士、硕士、博士，创造了当时麻省理工学院的纪录。

学贯中西古今，又能毫无保留地将其传授给众人，培养了各个领域的众多大师，这样的一代宗师在世界历史中也是罕有的。

2002年9月9日顾毓琇逝世后，遵照顾毓琇的遗愿，儿子顾慰庆代表顾氏家族将故居捐献给了无锡市人民政府。2004年10月，中共中央办公厅批示，同意将顾毓琇故居改建为顾毓琇纪念馆。该馆是江苏省自周恩来纪念馆之后第二座被正式批准建立的名人纪念馆。

百年身后他没有给孩子留下任何遗产，他的儿子顾慰庆说："父亲百年人生，艰难曲折，生活俭朴，不图享受，有点积蓄就用来设奖学金和捐献救灾。他教育子孙发奋图强，自己靠自己，他没有遗产留给我们。父亲留下来的是巨大的精神财富，它属于全体中国人！"

【学生日记】>>>

值日班长：旺林

今天是我们中国传统的节日——端午节，学校食堂一大早就给我们准备了香喷喷的粽子，我们一个个喜出望外，吃得津津有味。

第一节课是由Pacific给我们讲解英语语法，他那激昂的声音让我们个个目不转睛，不敢开半分小差，我们都全神贯注地跟着他的思维走。

我觉得经过这二十几天的学习，大家都脱胎换骨了。我们不得不佩服陶妈教导有方，轻描淡写间，让我们明白了哪些该做哪些不该做，并且所有同学都严于律己。

虽然前几天有几个不自觉的同学偷偷玩了手机，但今天我发现没一个同学玩游戏，让我非常欣慰。大家下课拿着手机，要么是在打作文，要么是在看班级日记，要么是在查资料，全班一副蒸蒸日上的样子。陶妈是看在眼里，喜在心里啊！希望大家以后越来越努力，真正把手机当成一种工具！

妙如妙语：展示是要硬本事的！

旺林心得：世上无难事，只怕有心人！

※静宜

从不同的角度看会有不同的感受。一方面，确实还有同学没有达到旺林同学所写的日记中的标准；另一方面，这也是对我们的一种鼓励。亦如陶妈所说，每个人所看到的东西都不一样，希望有一天我们所有同学都能达到这个标准。

※茗轩

历经了这么多的沧桑，顾老老了，是时候休息了。顾老是可贵的，他为中国人民留下了宝贵的财富！

※小川

今天 Andrew 的课引起了我的反思。

Andrew 在课堂上准备了几个小游戏让我们玩。游戏开始前，Andrew 一直在耐心地和我们讲规则。我听得很吃力，原因有两个，一是自己的英语听力水平不高，二是总有同学在说话。几经提醒，仍然有同学沉浸在自己的世界里。我能感觉到 Andrew 讲得很吃力。

这不禁让我联想到在美国课堂的日子。那儿的课堂也不安宁，学生们也很闹腾，上课可以讲话、走动等，但只要老师一个手势，一声提醒，全体学生立马安静下来。我想，假如我们 55 班在每一个老师上课时都能达到这种境界，手机的使用就可以“撒手不管”了。

※伊健

终于有一节陶妈的国学课了。以前陶妈会给我们讲很多诗人的故事，还有后面映射的人生哲理。今天却全然不同，陶妈让我们先搜索白居易，根据自己的理解绘出白居易的人生轨迹。

白居易的一生分为两个部分，第一部分是达则兼济天下，第二部分则是穷则独善其身。白居易还提出了“文章合为时而著，歌诗合为事而作”的文学理论，奠定了其现实主义诗人的基础。

此次老师一反以往的教学方式，用这样的方法给我们上了一堂国学课，大概是为了锻炼我们的思维能力吧。

在这堂课中，我上台对我们组的图进行了讲解。在台上我总是会感到紧张，语无伦次。这或许是厚脸皮的功夫还不到家吧。

2016年6月10日

彩排也是一种提高方式

【妙如随记】>>>

1. 反复论

说句实话，基础差真的不是问题，只要他想学了，黑夜过去都会是白天。因为展示会我要求全英文且要脱稿，所以孩子们必须自己先将稿子写好，互相修改，再请老师修改，确定稿子后，就需要记熟背诵。但很多孩子都说，总是背不了，早晨，我在黑板上写下了这样一句话：聪明程度是由记忆力决定的，记忆力是可以培养的。

怎样培养呢？一个词，反复。给孩子们讲了我所认为的反复，早中晚多次重现。

下午，进行彩排，孩子们互相指导。

2. 修养学

今天，一特别的缘故，特记录下面一幕：

暴雨来临，那一份温情——

“老师，我打着赤脚可以进来吗？”

我正在校稿，抬头看到伊人打着个赤脚，手却背在后面，气喘吁吁地站在门口……

“进来吧，怎么打着赤脚呢？”

“外面下大雨呢！老师你不知道？”

哦，我扭头看窗外，暴雨如注，写字台上的桌布都流水了——

我笑说："太投入，竟未感觉到，嘿嘿……不过，你为什么赤脚呢？"

"我估计您没有伞，所以跑到寝室给您拿了一把伞！"

我眼泪都差点出来了——

暴雨来临，这一份温情——

这样的点滴，不仅伊人，还有……

你们的每一个举动都温暖着我的心，哪怕一句玩笑，都会留在记忆中。

3. 名坐标

推荐阅读关于"孙红雷的真实身份"的一篇文章。

【学生日记】>>>

※茗轩

爱与我们同在，当暴雨来临时，只要有温情，黑暗将不复存在！

※伊人

因为许多人的稿子还存在着一定的错误，还有些需要重写，我带着他们上下跑，虽然累，但我觉得享受。说实话，经过这几天的练习，我都把部分人的稿子背下来了，可他们还没背下来。

【再读之悟】>>>

基础差从来都不是问题，所有人都是从零开始的。没有精通，唯手熟尔。再读陶老师之文，启示更多。乔布斯在苹果的发布会之前，都要做上百次彩排。英语中也有这样的句子"Practice makes perfect"。在《庄子》中，也有着成百上千的例子，例如庖丁解牛、粘蝉老人等。科学上更是有"两万小时理论"。练习从来就是学习中一个不可缺失的部分，合理的学习与复习能够让自己学到的东西更为巩固，这也是我们之后的家长展示会成功的原因。

伊健

2018 年 5 月

2016 年 6 月 11 日

曾国藩的四次受挫

【妙如随记】>>>

孩子们很容易受挫，也很容易被激怒。如何让孩子们平和起来，坚韧起来？我给孩子们讲了曾国藩用四次受挫来劝解弟弟的事情。

曾国藩的弟弟曾国荃消灭了太平天国后，被慈禧封为湖北总督，可是他在湖北境内得罪了慈禧的宠臣官文，一个月内几次被慈禧严斥。与此同时，京城大小官员也都认为他居功自傲，目中无人。曾国荃可谓精神焦虑、夜夜失眠，甚至得了抑郁症，于是萌生了辞官还乡的想法。

曾国藩看到弟弟这样消极抑郁，便写信用自己所遇的四次挫折来开导他，说自己生平长进全在受挫受辱之时。

第一件事是道光十二年（1832）到湘乡县考秀才，在应试中被主考官当众斥责，说他写的文章文理不通，秀才没考上。第二年，他再次应县试，仅中背榜（末名）秀才。

这次受挫，不但没有打击到他，反而激起他发奋读书的信念。他说，自古以来确实有一些人文章鄙陋却侥幸获取功名，但好文章绝不会被埋没。这使他定下了每天作一篇文章、写一首诗、看书不少于 20 页的学习计划。

第二件事是在咸丰元年（1851），已是翰林的曾国藩向咸丰帝汇报工作，为了对工作情况进行详细说明，他还画了一幅图，但这图画得丑陋不堪，引起了满朝大臣的嘲笑。

第三件事是咸丰四年（1854）曾国藩在岳州的靖港兵败。当时，他要跳水自杀殉国，幸亏被他的幕僚章寿麟救起。他狼狈逃回后搬到城南高峰寺小住，遭到江西全省官绅的鄙夷和耻笑。

第四件事是咸丰五年（1855）在九江兵败。石达开总攻湘军水营，火烧湘军战船100多艘，曾国藩坐船被俘，后来他硬着头皮逃到江西，又弹劾了江西的巡抚、按察使。第二年当他被围困南昌时，江西省的官绅人人都幸灾乐祸。他与江西官员的关系，更是到了几乎没有一个人能容得下他的地步。

曾国藩形容自己当时的困窘处境是：一听到春风的怒号，心就要碎了；一看见敌人的战船开过来，就急得绕着房子转圈，没有好办法。后来他的老乡王闿运写《湘军志》时说，曾国藩在江西实在悲苦，现在想来，仍让人忍不住流泪。

曾国藩在信尾对弟弟说，他平生的长进全在受挫受辱的时候，所以他现在虽然侥幸成了大名人，也不敢自诩为有本领，更不敢自以为是。弟弟一定要咬牙立志，积蓄自己的斗志，增长自己的智慧，千万不要从此气馁。要想立不世之功，成不世之业，离开了“坚忍”二字是不可能的。

【学生日记】>>>

值日班长：时瑞

清晨，到处一片读书声，外面和教室都有人在读。可能是看我们读累了，陶妈说给我们讲个小故事。

故事梗概：儿子带着不懂英文的母亲到澳大利亚旅游，在一片高大的椰子林下，看到一个母亲用英文大声地、手舞足蹈地向爬到树端的小孩子喊着：“Be careful, be careful. Don’t worry, slowly down, slowly.”儿子的母亲也不由自主地说起来：“小心点，小心点，别急别急，慢点，慢点……”儿子非常诧异，问：“妈，你听得懂她说什么？”母亲对儿子说：“哦，听不懂，但我知道她说什么，这是母亲的共同语言。”

讲完故事，陶老师说，这个故事其实给了我们做演讲的指导：演讲就是表达，怎样表达最有效？将你所要表达的感情，通过你的眼、嘴、耳、手、全身姿态投射到现场你爸妈的眼里、心里，他们也许听不懂你究竟在说什么，但他们却能够感受到你对父母浓浓的爱意，并在用他们最喜欢的方式——强大自己来回报他们。

发现和陶妈在一起，随便说什么都是学问，我们得好好珍惜，再珍惜。

第四节课是同学们自己组织的班会，由同学全英文讲。虽然陶妈站在后面，但是我们在同学的组织下做得很好，这都是陶妈教了我们将近一个月时间的成果，让我们自己就能上好课。陶妈让我们的思想有大改变。

妙如妙语：接受信任，就要负责任。

时瑞心得：没有做不了的事，只有自己不去做，做事不要半途而废。

※伊健

今天第四节课是由我、彭婷、柏安一起主持的班会课。班会课的主题是“关于班级问题与收获的总结”。

分为两个大主题：问题与收获。问题又分为：1. 手机问题；2. 上课纪律问题；3. 展示问题。一个团队不可能不存在问题，只要能发现问题，就说明这个队伍在进步。因此，我们提出了这三个问题，并给予了大家一些建议。第二个主题也分成三个部分：1. 学习气氛；2. 同学们的性格变化；3. 大家的思维变化。来到国际部55班快一个月了，大家都有许多收获，我也不例外。我很高兴能来到这里。在这里，我的思维更有深度了，也对自己的执行力有了一些肯定。以前，我一直以为我是一个执行力很差的人。然而，就在昨晚，有同学提醒我班会没做。之后，我便与同学合作，在一节晚自习中完成了这节班会课的流程制作。这是我平时都不敢想的。而且，班会也进行得很成功。

今天在台上，我表现出了意想不到的从容，这是我能明显感觉到的。

相信明天会更好。一步一步踏出属于自己的征途。

2016年6月12日

有纠结就是在思考，在权衡

【妙如随记】>>>

这几天，孩子们手忙脚乱倒没有，只是脑子里面打架了。毕业之旅参加吗?原来的同学在呼唤。报了中考的无疑要参加中考，可是有些孩子却觉得，只是一个形式上的中考已经没有什么意义了，于是不想参加。家长催，原班催，学生问我，我答，自己决定。

15号的展示，孩子们很看重。大家会说，一个两小时的展示活动，那么难吗?对于英语还好的孩子来说，将英文稿子写好，记下来，再加上才艺表演就可以了，不是很难。难的是这些孩子里面，很多之前没有参加过比较正式的演讲活动，连伊健同学昨天主持班会后都说，他紧张得发抖。到这个衔接班来的学生，大多是想学好但暂时英语基础较弱的孩子。要在短短的一个月时间搞出一个纯英语演讲的展示活动，而且不是专门做，课程照上，只是利用业余时间，那就不是一件容易的事情了。

而我又反复强调，展示是要有硬本事的。

【学生日记】>>>

※伊人

我有一个很好的妈妈，她非常疼爱我。她一直很努力地赚钱养家，我知道她不容易，所以我也很爱她。但是她有时候会很啰唆，而且很喜欢吃醋，我会烦但并不代表我不爱她。

她是我生命中最重要的人，所以我更希望她有一个好的身体，我不想她生气，所以我有时候会很“逗比”，但那不是我的油嘴滑舌，而是我的爱，我真心希望我们能过好我们的生活，快乐每一天，这就是我想要的。不要将死这种东西挂在嘴边，这样不好，我很讨厌。记住，如果你爱我，就要勇敢地活下去，不管有没有钱，有你就行。你听到了吗？我的母亲。

※李斌

离展示越来越近了，我的心情也越来越激动。这几天我叫伊健给我把稿子改好了，伊人还教我不会读的单词，之后我每天早上就大声地读。虽然我现在还不是很熟练，但还有两天时间，好好地把剩下的时间利用起来，就差不多可以达到展示水平了。

【家长留言】>>>

※家长斯琴

伊人，你是第一次这样向妈妈表达爱。看了你写的日记，妈妈很感动。你现在长大了，有自己的思想，妈妈尊重你的选择，你有你的生活方式，希望我们以后多沟通多交流，相互理解包容。过去不如意的事已经全部放下，一切得到都不如有一个这么好的女儿懂妈妈，我很知足。

【再读之悟】>>>

每一次纠结都是对下次畅思的铺垫，每一次困难都是抵达目的的基石。人生有很多需要选择的时候，往往有些人会在这个时候犹豫不决，而往往在这个时候，陶老师在旁白：我们应当听从自己内心的选择。

鑫威

2018 年 3 月

2016 年 6 月 13 日

每一个细节都是传道

【妙如随记】>>>

这个班的孩子之前当班干部的少，班长久盛之前也没有当过班干部，最大的官是语文科代表。

怎样在培养这些孩子综合能力的同时，还提高其领导力呢？

我认为，我所做的一切都应是示范。

今早，我和学生交流怎样布展。

布展，是一种文化的外显。它既要有空间架构能力，又要有艺术搭配能力，还要有时尚审美水平。

我们的书架：每一个团队一个方块，你们必展的内容是这一个月的学习笔记、所读的书、小组介绍。怎样展出来，那是你们的特色，你们的创意。当然还可以展出你们自己的杰作。

我们的座位：每位家长的座位上都有你亲笔书写的做成精美卡片的“献给爸妈的歌”的中文稿。

我们的舞台：……

事先都有征集，然后分团队布展。我只提标准，一切由团队落实，然后带着团队长验收，互相提出改进建议。

我们的节目，一直都是他们自己练习，今天需要整体过一次，提升整体水平。

张主任对节目逐一进行了指导。

我给学生介绍了乔布斯的演讲技巧，只有精益求精，才会出类拔萃。

【学生日记】>>>

※伊人

我觉得我们的管理模式是很不错的，比较民主自由。老师只是给了我们一个目标，告诉我们要怎样设置才能抵达目标。她把任务布置给了我们，自己就“撒手”了，让我们去组织去安排，适当的时候才会点拨点拨。我觉得这样很好，可以锻炼我们自己。

※建音

我认为我们55班现在的学习态度和班级各方面的情况都特别好，整体呈现出一种全班积极向上，大家一起学习的良好氛围。手机使用越来越好。其实刚开始的时候我们自己也不相信自己能够管理好手机，确实也是这样，刚开始的几天，没有几个同学能真正地把手机当成工具，但是后来慢慢都理解了陶老师的用心，也开始真正地只把手机当成工具，而不是像以前那样离不开手机，把手机当作自己生命的一部分。

【再读之悟】>>>

给予每个人发展和表现的平台，你终会发现，原来大家都这么厉害，生活也都多姿多彩。每个人都有自己独特的天赋，而有很多的人却不能发掘出他们的天赋，因为他们缺少了一样东西，这种东西的名字叫舞台。大多数平凡的人都缺少一个用来发挥自己的舞台，当你站上那个舞台的时候，你会发现你的人生不再平凡。

人生本就是一个不断追寻和探索的过程，对自己不满而不断改进，这大概就是修道吧。

陶老师总是一步一步设计出更高的标准，让我们往更好处登。我们也在这些挑战中不断地进步，不断地突破自我。

鑫威

2018年3月

2016 年 6 月 15 日

献给爸妈的歌

【妙如随记】>>>

学会感恩是我教育的一个关键元素。感恩父母则是孩子们的必修课程。

汇报会 14:20 应上课铃如期举行。

国际部张主任率全体管理人员及没有课的老师现场指导、协助。

30 名学生的家长全到，另有 16 名孩子的父母双到。

征求了张主任意见，这是班级汇报，部门不讲话，纯班级交流。

首先，我做了主题汇报：做精神的引领者——兼谈老师、家长的作用。

由家长两次质疑引入，我汇报我们做了些什么——

一个隆重的开班仪式。

全体国际部老师为其授课。

陪了孩子们三十一天。

提供了一个书写平台：www. miaoru. com。

教了学生万能三招——微笑、厚脸皮、拼命。

分享了做人三词——诚信、宽容、智慧。

明确了老师的职责。

我说的只是一个流程，究竟如何，还是看孩子们的展示。

孩子们席地而坐，八名主持人台风很好，每个节目都比较随性却吸引眼球，英语演讲个个都闪亮。

展示分四个组合进行。

学生表演，许多家长泪流满面。之前有点担心的领导，也在现场感动得热泪盈眶。

家长们激动地举手发言——

伊人妈妈说："我孩子很内向的，短短的一个月，开朗起来了，而伊人只要和我通电话，就会说'我们陶妈'、'我们陶妈'，我心里还有一点酸酸的……"

久盛爸爸说："我孩子读了很多年书了，我没有参加过一次家长会，但是，这一次，我来了。原因很简单，我们家孩子是走读生，这一个月竟然起床没有要我们叫，早早地就起来了。这不是一个小的改变，十多年养成的坏习惯竟然就这样改了，这是一种神奇的力量，所以，我要来看看是一位什么样的老师，让他有如此大的变化。刚才听了陶老师的介绍，我知道了，我的孩子能有幸遇见陶老师，遇见这么多优秀的领导、老师，是我们一家的荣幸。今后，学校要我们怎么做，就怎么做，陶老师要求我们做什么，我们就做什么。"

静宜70多岁的爷爷，从贵州来。老人家说："听了陶老师的讲话，看到国际部对我孙女静宜的培养，张主任还亲自为静宜改英文日记，真的很激动，看到静宜的表演、主持能这样出色，我觉得我儿子一切都值得。"

这只是起点，让我们在国际部的平台上，在同升湖这墨池里，在家长、老师的携手陪伴里，开启伟大的旅程！

第一学月

2016 年 8 月 26 日

手机，自由，强大——三点迎新生

【妙如随记】>>>

为了迎接学生的到来，一如往年开学，提前一天就将教室布置好，将自己对孩子们美好的祝愿和希望写在了黑板上。

开学，学生多，送孩子的家长也多，没有太多时间做很长的交流，对每人只讲三点：

第一点，手机是工具，不用是浪费，要合理用好。

第二点，每个人都想自由，要解放学生，解放家长，解放老师。家长、学生、老师都不随意打电话，家长需要了解孩子的情况，在 www. miaoru. com（陶妙如教育实践活动网）上看，欢迎家长将自己的看法建议留在网上。

第三点，获得自由的条件是守规则，变强大。现在能够强大的唯一方法就是用脑子拼命吸收有用有益的养分。

座位自找，寝室随缘……

晚上，两节自习连上，召开班会。从教室的卫生、黑板的装饰到晚上的班会，都是非常高的规格，目的只有一个，让孩子们记住这个日子——今天与以往的日子不同，此刻与以往的时刻不同，从今天开始他们是高中生了，并且是国际高中生。给他们一个非常的仪式感，这样，因一种有意义的仪式，而让其对头顶上的天空和心中的道德律敬畏，从而迅速聚合。

衷心祝愿孩子们新的学期自强不息、止于至善！

【学生日记】>>>

※伊健

今天，是开学的第一天。阔别两个月回到这里，心中倍感亲切。这是一种不同于家的温暖。来到学校，报到完之后先是欢快地围着学校逛了一圈，呼吸着山林间微带有湿润泥土清香的空气，给了我一缕欢欣。

时空从一点开始，光影流转。那一点随着时空滑动，渐动成线。那一缕缕时空汇聚而成的丝线编织成色彩斑斓的记忆。这些奇妙的东西，是人灵魂的结晶。

※敬崇

今天又一次来到同升湖，这次成了高中生。整理好自己的东西，见到了友好的室友和同学，搞好了关系，也见到了精通国学的陶老师，她一开始说了三个词：手机、自由、强大。我立了目标，对以后的学习生活非常期待。

※久盛

很开心，也很感动陶妈依旧信任我，选我当班长。经过一个月的衔接训练，我有信心做好这个职务。

※静宜

今天晚上陶妈把对我们的要求都详细说了一遍，同时也让新生进行自我介绍，要求尽量用一句话展现出自己的特点，让别人记住自己。听到新生自我介绍，我们老生不禁鼓起了掌，像是与自己毫无关系一样。但陶妈却说："对于他们来说，你们难道不是新生吗?"确实，对于每个人来说，大家都是崭新的，都是一张白纸，在以后的岁月里，大家将互相了解互相交流，从陌生到熟悉，从新到旧。愿两年后的今天，每个人都会踏上自己向往的旅程，染上最美的颜色。

※伊人

最深刻的是陶老师所说的谈恋爱的标准。如果是男生找女生的话，第一要聪明，这样可以造福后代。第二要勤奋，不勤奋的女生是不会和人长久的。第三要宽容，一个不大度的女生不能成为一个男人的得力支持者。女生追男生的话，第一要有责任心，没有责任心的男生没有用。第二要有使命感，只有有了使命感，才能真正朝着自己想要的走。第三要多情，不多情的男人不善良，只有多情的人才会博爱，善养后人。我感触颇深，谢谢陶老师的一番教导。

伊人心得：只有跟着正确的人做正确的事，才能成功。

※思航

今天“听君一席话，胜读十年书”。陶老师所分享的人生哲理，让我明白了什么是自强，什么是不息，什么是责任心、使命感、善良。往日的我，或许是漏洞百出，或许是无所事事，甚至有些自欺欺人，想着日子混着混着也就过了，学习放着放着也就这样了。可今天，听完陶老师的演讲，我知道，今后的我，得放下过去的安逸和颓废，也要拿起这份向前向上的勇气和毅力。

欲戴王冠，必承其重。

※茗轩

万里长征今日开启，千里之行始于足下。

新的时代，由我们踏出！

※子晏

经过老师的讲解，我对国际部的了解也更多了。越来越坚定目标的同时，也掺杂着几分对自己的不确定，不知道能不能抵达想要的未来。

“最怕你一生碌碌无为，还安慰自己平凡可贵。”

会更加努力的。

【家长留言】>>>

※伊健妈妈

是的，盼望已久的开学终于在这个凉爽的周末如期而至！正如孩子说的，现在是国际高中的一员了，离梦想又更近了一步！青春的脚印伴随着理想的翅膀翩翩翱翔。奋斗吧！同学！

能够成为陶妙如老师班中的一员，是件多么幸福的事啊！真为55班的同学们感到自豪！作为一名学生家长，能够近距离地得到这么优秀的老师的分享和指点，我由衷地感到高兴和幸运！

今天老师分享的“手机是工具，不是玩具；大家都需要自由；自由的条件是守规则和自我强大”，瞬间将同学们从愉快轻松的假期拉回到紧张忙碌的学习氛围中！马上要进行入学考试了，在这里祝每一个同学都考出好的成绩，发挥出自己良好的水平！

对每一个孩子来说，他们最需要的是来自父母的默默的欣赏和关怀，而不是无止境的唠叨与责备。谢谢陶老师，谢谢陶妈妈！

【再读之悟】>>>

手机的使用，应该是当下家长、老师都很关注的问题。听陶老师说可以用手机，家长当场就问，孩子玩游戏怎么办？陶老师笑着说，想玩就玩呗。不过，不用手机，老师省事多了，可先进的东西不用，人又怎么更先进呢？

当时，听老师这样说，我们心里有说不出的一种畅快。

走进教室，温馨、高雅而又那么庄重，让你畅快却又不敢乱来，这就是当时的感觉。

一天下来，那富有冲击力的班会，那很有挑战性的目标，那非常强硬的规则，都在老师的微笑中，化为我们的行动。你看到了我们写下的日记，从“欲戴王冠，必承其重”、“新的时代，由我们踏出”这些豪言壮语中，你就知道，一天，就一天，我们就进入了状态，贴上了55班这个集体的标签！

思航

2018年3月

2016 年 8 月 27 日

远远地欣赏——为家长献上我的建议

【妙如随记】>>>

今天下午受邀为长沙市一学校家长做交流，分享在此，供参考。

远远地欣赏——《易经》里的教育智慧

更新一种思维——学会放手。

这样解放了学生，解放了家长，解放了老师，解放了教育。

恒定一个方法——坚持学习。

向人学习，向书学习，向自然学习：自然中一切生物都有其独特的生命场。

儒、道、佛、西方宗教殊途同归——真善美。

远远地欣赏，远的距离是多远呢？

孩子不回避、不拒绝、不厌烦。

远远地欣赏，是诗，是远方！

今天晚上，张修明主任为新生做了入学教育，从“你为什么来这里学习？”的问题开始，提出了“使命与目标”的主题，从资源利用、主动性、动机和毅力、目标+计划+行动+反思=成功等方面，用形象的例子，生动的语言，让孩子们获益。

【学生日记】>>>

值日班长：静宜

晚上，国际部张主任和教学主管刘念对我们进行了一次入学教育。张主任首先向我们介绍了他自己、他的家庭以及他阅读过的书籍，让我们对他有了一定的了解。之后，他讲到了资源，我们所拥有的资源就是国际部全体老师，每位老师都具有充足的实力、能力和信心，他们都“带着慈悲做教育，怀揣敬畏教学生”。张主任给我们举了一个母鸡孵蛋的例子，母鸡需要给予温暖，给予呵护，才能成功孵出小鸡。那小鸡怎样从蛋壳里爬出来呢？张主任引用了一句陶妈的话：“教育应该像孵鸡一样，让他们由内向外冲破，从而实现生命的超越。”接下来，张主任给了我们这样一个等式：Goal+Plan+Do+Review=Success。要想成功，我们需要一个具体的目标，一份详细的计划，用实际行动来完成自己的计划以及复习巩固，还需要我们的坚持。最后，刘念老师给我们详细介绍了申请国外学校所需要的材料以及国际部所开设的课程。

【再读之悟】>>>

孩子真正想要的是什么？不是蜷缩在父母怀中的那份惬意，也不是衣来伸手、饭来张口的那份安逸。恰恰相反，我们想要的，是家长的支持与信任，是家长给予我们的那一份天高任鸟飞的自由！

怎样相处呢？陶老师“远远地欣赏”如清泉流出，若试一试，便会解放了你，解放了他，也解放了我们。

我从不插手你的成长，只是远远地欣赏——欣赏你坚定向前的毅力，也欣赏你挫败后的不甘，更欣赏你重拾自信、奋起直追的那一份勇气！

用我的一生去呵护你，只会耽误你，也因为我爱你，所以我更愿意放开你……

思航

2018 年 3 月

2016年8月28日

多名书法家参加的开学典礼

【妙如随记】>>>

开学典礼，邀请了几位书法家参加，并举行了一个捐赠仪式。

我捐赠了149幅个人收藏的名家书法作品给学校，并做了为什么要捐赠的声明：好东西不能独享，要共享。

李先生作为书法家代表即兴演讲：一所好学校，一位好校长，一批好名师。他特别鼓励我：有很浓的教育情怀，有社会担当，有原创力。

再次感谢学校，感谢同事，感谢学生，感谢所有鼓励我的人。

【学生日记】>>>

值日班长：伊健

这次的开学典礼与以往不同，来了多位艺术家。他们都是陶妈写书的合作伙伴，在这个特殊的日子挥毫泼墨，为本期的开学典礼增加了浓厚的文化气息。陶妈的称谓在外来名家的口中由平时的“陶主任”变为“陶先生”。“先生”是对德高望重之人，才学高深之人的称谓。这也足以说明这位与我们朝夕相处的陶妈是多么伟大了！

在晚上的开学引导会上，陈海凤老师为我们介绍了丰富多彩的学习生活。首先，海凤老师列出三点：1. 人人都是人才，人人都可以成才；2. 在校读书不仅仅是学知识，更重要的是学做人；3. 做好自己，你才有资格去谈条件。这三句的确是金玉良言，第一句是学校的办学理念，后面则是老师给予我们的忠告。之后，老师为我们介绍了实践活动的作用：1. 提升综合素质；2. 完善性格；3. 提供申请学校的资本。由此看来，实践活动还是很有益的，不仅可以提升自己的能力，还可以在改善自身性格的同时提升自身价值。

时代在进步，我们在成长，顺着 Goal+Plan+Do+Review=Success 到达最终的梦的彼岸。

【家长留言】>>>

※承熹妈妈

每天看到孩子写自己的想法和体会，让我们做家长的了解到了孩子的内心世界，同时也感受到了同升教育国际部的育人理念和陶老师独到的教育方法，谢谢陶老师对孩子的关注和引导！

都是一群有教育情怀的人！令人钦佩！陶老师的书一定好好拜读。

【再读之悟】>>>

做一个怎样的人，在这开学典礼之前，我还真没很仔细地想过。当时，在典礼上看到我们的班主任陶老师，听到她质朴的演讲，做成了那么大的事情，却低调地说，这是大家的栽培，大家的力量。听到了校长、书法家们对我们陶老师的赞美，心中真的是无比的荣耀，当时心里就有一种愿望，像我们的老师一样，做一个让大家都敬佩的人。

快两年了，我们回首，两年的旅程，因我们的记录而历历在目，就如昨天一般。不禁想起孙校长说的，同升湖就是一个“洗墨池”，对面山上高高耸立的信号接收塔就是一个“大笔架”，一种情愫不自然地涌起：同升之境，浸润在“墨池”之中，飘忽于“笔峰”之上；同升之形，凝于德高望重的先生，抒于孜孜不倦的学子……

思航

2018 年 3 月

2016 年 8 月 29 日

今天再次分了班

【妙如随记】>>>

孩子们起点不相同，根据国际部因材施教的原则，采用分层走班教学。今天，再次分班了，分层了。几个孩子来找我，说不想分出去。我说，每一位老师都非常好，你们接触后，就会知道；相对来讲，他们比我有更多时间陪你们，分层能让每一个人得到更合适的培养；况且无论分到哪个班，我还是教你们的中文课，有什么事情还是可以随时找我。

【学生日记】>>>

※茗轩

没能想到可以分到第一层呢，这也意味着我要付出一等的努力才可以啊！

发现一层的学习确实不轻松，以后不知道要有多辛苦。但是只要努力，只要不脱离实际，成功是必然的！

把握住今天，才能迎来美好的明天！

※敬崇

今天又分了层，成绩并不好的我却分到了第一层，中间一定有水分，但既然到了一层，我就要努力，才对得起老师的良苦用心。

※小川

开学这么久，其实我还是有一些小小的迷茫，不是迷茫未来的方向，而是迷茫我该怎样做才能朝着自己想要的方向到达目的地。周围有很多好同学，很有学习氛围，但我必须找到适合自己的学习方法，找到自己的学习重点，注意规划。

【再读之悟】>>>

黄色的树林里分出两条路，我选择了人际较少的那一条，从此决定了一生的道路。

——《未选择的路》

同学们都喜欢上了我们55班，但一部分人被分走了。几个同学都来找陶老师，不想分出去。陶老师说，其他老师都好，更合适，她还在，还可以找她，几句话让分走的同学倍感温暖又充满希望。

人生的路不止眼下这一条。路是人走出来的，人生是努力过出来的，只是不同人的人生有着不同的广度和深度。

分层，只能说明路径不同。就像陶老师曾说过的，上山，有的步行，有的开汽车，有的坐索道，不管哪一种，都是根据自己暂时的实力来进行的。只要坚持朝着自己的方向，坚定地迈出属于自己的每一步，就能抵达目的地，只是抵达的时间有先后而已。

如果我们都走到了终点，那么我们选择的路又有何优劣之分呢？再读，我似乎明白了老师的深意。

思航

2018 年 3 月

2016年8月31日

跟努力的人在一起，懒人都会变勤奋

【妙如随记】>>>

跟优秀的人在一起，你会变得更优秀；跟努力的人在一起，懒人都会变勤奋。

今天，每个孩子都开始制订三年规划。

【学生日记】>>>

※茗轩

时代需要强者，强者需要时代。

我最不愿意做的，就是强者，就是担起别人担不起的担子的人。

我准备了咖啡和夜灯，这是为了当强者；我准备了录音笔和最好的手机，这也是为了当强者；我克服了自己的软弱之处，寻找他人学习强大之道，这也是为了当强者……

强者，是一个有分量的词，承担着的是责任……

※敬崇

英语课霸点蛮还能跟上，若有疑问，就问旁边的学霸久盛，感觉他什么都知道。

该做的我都做了，总是觉得自己很努力了可以稍微放松一下，可是心里的我却很清楚地知道我没有尽我最大的努力，还是留有一点空间……英语课还有几次小走神，比起久盛来，我……

他是我学习的榜样，尽力跟上他的步伐！

※久盛

不怕别人聪明，就怕聪明的人比你还努力。我真诚地反思了我的作为，终于明白了为什么在 Middle School Department 我经常拿探花、榜眼，却很少问鼎榜首了。我总以为智力可以弥补努力。实际上，hard-working 不可或缺。努力可以弥补大多数不足。只有会努力的人，才算是聪明人，人只有智力是不足为道的。

※伊静

分班已经 3 天了，陶老师很关心我，也很看得起我，将带动寝室学习氛围的重任赋予了我，并且陶老师还详细了解了我的想法和我未来想走的方向，并给予了提点和建议，这让我对未来有了更强的信心。

【再读之悟】>>>

有首歌叫作《两只老虎》，为什么两只老虎会跑得快呢？原因多多，其中有一种是因为进入了竞技的状态。

余果在 2018 年 1 月 1 日的日记中有这样一段话：

昨天老爸听完陶老师的讲座后，面带微笑地对我说：“陶老师还真是厉害，对《易经》的理解还真是到位。”又跟我谈起左宗棠，他说：“左宗棠要是当时没有贵人的帮助，那也就是一普通人。”我说：“我要是没有陶老师的指点，可能我以后都只是普通人。”

“跟努力的人在一起，懒人都会变勤奋”，跟不同的人在一块，收获肯定不同。孔子也这样说了：“与善人居，如入芝兰之室，久而不闻其香，及与之化矣。”

教育便是这样的一个过程，一个学习氛围浓厚的班级，便会催生无数的孩子更加努力。

试问，如若周围的每一颗星星都在闪耀，那又有哪颗星愿意黯然失色呢？

而我们此刻的每一个人，都是这样一颗不甘蒙尘的星星……

思航

2018 年 3 月

2016 年 8 月 31 日

成长规划

【妙如随记】>>>

开学几天了，学生有很多事情都来不及处理。周三下午是社团活动时间，因许多课程学生还在挑选中，故下午时间由班主任安排。我便利用这个时间指导学生将个人规划初步做到了二十年、十年、三年、两年、一年、一学期，并且规定，学生晚自习后都回教室对自己的一天进行回顾总结。

因学生需要整理，需要推迟一点时间进寝，于是，星期三值班的学生主管外教丹尼尔到了教室，问是不是要加第三节晚自习。我说每天只加 20 分钟。他说他今天在国际部行政值班，需要最后一个离开，要关了所有的灯以后才能下班。

我说，三楼的灯、二楼我们教室的灯和一楼大厅的灯我负责，他可以先走。他走了。

过了一会儿，他又回来了，说，还是不能提前走，一定要等我们都走了他才能下班。

他看着我们学生走完，随我从教室出来。到三楼，我开了灯，他随我上三楼，走过的地方他又关灯，然后打亮手机灯照明。我发现灯已经全关了，除了我办公室的灯。我本还想写点什么，可是一想，丹尼尔主管一定会等我做完才会下班，便迅速关了电脑，从二楼下。他依然随我一道，用手机灯照明。

到一楼，还有婷在指导学生搞卫生，丹尼尔主管又进了他们的教室，什么时候走的我就不知道了。

这是一件很小的事情，丹尼尔主管也是第一次行政值班。我写下这件事，赞美他，也在提醒自己：信任就是责任，责任需要落实，落实才是硬道理。

为官、为师、为人，均需既要异想天开又要脚踏实地。

【学生日记】>>>

值日班长：伊人

第二节课是英语课，陶妈坐在我们的后面听课，邓老师给了我们一张生词表，要我们记单词。老师一个单词一个单词地教我们读，并告诉我们中文意思。在读的时候我发现坐在后面的陶妈也与我们一起读，也在认真地做笔记，我被震撼了。我没有想到她也会像一个普通学生一样一起读。这说明，优秀的人都是在不断进取的。

下午的自习课，陶妈建议我们做好个人规划表，并在黑板上列了表格，总共分为八个栏目，分别为姓名、留学国家、要上的大学、英语目标、数理化目标、三年规划、本期目标和特长。八个栏目合起来差不多就是我们在国际部的所有目标了，我相信这能帮助我们挖掘潜能并激励我们勇往直前。

※敬崇

出国，考好大学，有谁不想呢？但是，只是想又有什么用呢？不拿出实际的行动，只会空想，那是失败的人才会做的事。我要做一个成功的人，所以我要付出实际行动。

2016年9月1日

鼓励与批评都是成长的需要

【妙如随记】>>>

成长是有节律的，什么时候该给予怎样的教育，就应该适时植入。人是存在差异的，应根据人的差异来引导。

响鼓不用重擂，是一种方法。

有不响的鼓呢？

不打不成器，棍棒下面出好人，也是一种方法。

打也不成器，越打越不成器呢？

恩威并重，软硬兼施，也是一种方法。

软硬不吃呢？

一味地鼓励，孩子可能出现几种情况：继续好，骄傲了，放肆了，放纵了……

该批评的时候不批评就是放纵。

该批评的时候不批评就延缓了他成长的节律。

批评你，是不想放弃你。

鼓励与批评都是成长的需要。

严格地批评你，有时甚至小题大做，是明确地点醒你，你的舞台不止现在这个样子，想要更大的舞台，不能用一般的方式。千里马常有，伯乐也常有！

人的潜力是无限的，但能否挖掘要看你自己。

【学生日记】>>>

值日班长：余果

来到教室里早读，我惊讶地发现，经过昨天陶老师的一番教导，今天我们班同学的聚合力惊人，读书声响亮。随后，陶老师在黑板上写了“很棒，就这样”的字。区区五个字，却表达了陶老师对我们的赞扬，陶老师的那一句话一直鼓舞着我：“无论在哪个教室都要表现得最优秀，做全校学生的榜样。”

※久盛

To be or not to be，this is a question.

有时候，学习还是玩乐，我们也要做出抉择。我们也许要违背我们的欲望，做出违背本愿却符合理智的事。从长远来看，这无疑是合算的。有人因为练琴而不能上山捉鸟、下河抓虾，但他也可能因此成为钢琴大师。

【再读之悟】>>>

年少轻狂的我们，只知放荡不羁爱自由，却在规章制度里身不由己。我们总是要把纸捅破才明白覆水难收，这样的我们，永远也不会懂得去做好自己。但幸运的是，在这个55班，在这个饱含年轻血液的地方，总有一个人在用自己一生的所见所闻来影响这一颗颗躁动的心——陶老师，如慈母，她温情的鼓励就像春风抚平冬日的狼藉；她也似严父，恨铁不成钢般的指导宛若惊天炸雷驱散我们心头一切的迷惘和彷徨……

可以这么说，我今天的这番坚定，便是出自这充满爱的鼓舞与批判。

长夜漫漫，苦海也无涯，我们却不会害怕，因为我们知道，她会踏着隔世云烟，笑意盈盈地来到我们跟前，弯腰点燃这希望的火，轻轻地告诉我们前行有景，回头有岸……

思航

2018年3月

2016年9月2日

渗透一种思维，开启通往深沉的大门

【妙如随记】>>>

给55班上中国文化课——《易经》入门。

下午，第六节课，监考了55班一堂数学测验课，全英文数学试卷。之后，组织阅卷，分析试卷。

【学生日记】>>>

※敬崇

今天，陶老师给我们讲了一节《易经》入门课，非常神奇。第一次听说《易经》是从爸爸口中，当时我一点都不懂。听了陶老师的这节课后，我对《易经》产生了兴趣。

《易经》是百经之首，万经之源，《易经》体现了哲学之美，读懂它的人可以成为大美之人。陶老师说学术上有成就的人都读《易经》。《道德经》中有很多话来自《易经》。

陶老师清晰地解释了阴阳。阳是指天，父亲，男性；一横杠，表阳，是取男性生殖器形状为标志。阴指的是地，母亲，女性；两短横，是取女性生殖器形状为标志。天地合，万物生；男女合，人类绵延。即阴阳合，万物化身。阴阳的图画和男女生殖器很相似，蛮有意思的。

老师还讲了天、地、水、火、巽、震、兑、艮八卦，两两相对。老师先要我们画一个十字叉，上为天，三个男人在天上，下为地，三个女人一台戏。我们立在天地之间，处在水火之中，若能调和水火的关系，人就比较舒服了。老师接着又说，如果只有天、地、水、火，生活起来就太单调了，人在这中间生活很没意思，所以还需要让生活丰富一些，于是，又画了一个十字叉，震、巽、兑、艮四个两对出来了。一张八卦图里能蕴含这么多的东西，我觉得非常奇妙。

陶老师讲的《易经》真的很容易懂，又很精湛、很神奇，所以我把这节课讲的东西记录下来了。

※茗轩

到了陶妈的《易经》课时，我也跟着动了起来。陶妈的《易经》课上得确实不一样，有些人听别人说《易经》半天听不懂，但是听陶妈的课却一点就通。为什么？因为一般的人都是为了研究而分析《易经》，没有把《易经》融入生活中去。《易经》源于生活，我们时时刻刻都在生活，所以能听陶妈用她的那种讲课方式讲《易经》，真是有幸。

※小现

全体同学看了我写在黑板上的答案后对我的答案有了质疑，认为我没有答全，没有把字母在答案中对应的数字表示出来。我反复看试卷题目，发现可能是同学们看不懂题目造成的误会，但这么多同学同时质疑我，我反而有点站不稳脚了。这时，陶妈点名班长，班长表示与我的答案大同小异，不用写所谓的最后一步。我的自信也就随着他的话语回来了一点。陶妈又要求我上台解释为什么不要写“最后一步”，我三下五除二地解释完，赢得了同学的肯定，这时我才完全认为我是正确的。

通过这件事，我真正明白了“走自己的路，让别人说去吧”的含义，这句话告诉我：做人要潇潇洒洒，不要太过在意别人质疑的目光。

※余果

金无足赤，人无完人，每个人都不是完美的，但我身边就有一名追求完美的同学——久盛同学。

今天上午我和久盛同学在快要上课之际被叫去采访。本来就是个很简单的采访，我试了两遍就过了，但他却要求换不同的地点，换不同的姿势，来来回回试了很多遍，直到满意为止。我相信他无论是在人格上，还是在做事上都精益求精，积极上进。

※久盛

我对手机的发放管理抱有悲观的态度。而陶老师却认为做事要循序渐进，要求大家立马做到“挥慧剑，斩痴思”，是很不现实的。

【家长留言】>>>

※家长晓明

读书真好，让我们的身心与宇宙万物和谐融洽，不悖不惑，想想“好鸟枝头亦朋友，落花水面皆文章”这样的诗句，心就满足了，能不快乐吗？透过同学们的日记，不难看出大家都喜欢陶主任的易经课。乾、坎、艮、震、巽、离、坤、兑，时空变幻无穷无尽，一波才动万波随，希望同学们活学活用，精益求精，明心见性，觉空悟远。

【再读之悟】>>>

“一夫当关，万夫莫开”，此乃以一人之勇，匹敌万将！

而“一人难挑千斤担，众人能移万座山”，却是凭这万众一心，驰骋山河，朝天阙！

我们这孑然一身，能使出的力终归有限，又如何去撼动压在我们身上的这一座座大山呢？学习也是如此，每个人的思维方式只有一种，人与人之间都不尽相同，这样的我们又该如何去面对这浩瀚无垠的题海呢？

解题也正如生活，时易时难——易如探手取物，而难，却如上天摘星揽月。也因此，我们才会常常倍感无奈和心酸。而今天，陶老师信手拈来的一个安排，讨论讲解试卷，却是如雪中送炭般把这扇通向深沉的大门立在了我们的面前。

我们的思维，就如同这一点一点的火星，因为碰撞在了一起，才有了光。

也因为这样，一个个思想汇聚在了一起，我们55班，才有了力量。

思航

2018年3月

2016年9月3日

慢慢来，路要一步一步地走

【妙如随记】>>>

成长的路是曲折的，也正因为这样，人生就更加丰富了——

【学生日记】>>>

值日班长：彭婷

今天的班会十分重要。先是班里四名优秀的同学为我们上了一节有关校园欺凌的课，再是陶妈的总结。我觉得陶妈的话很经典，很有道理，其中有些话是这样的："用规定去管别人很容易，用来管自己有点难。""想要出国就要先把英语搞好，不过也可以带个翻译去留学。"

有同学说，早晨老师没叫床，陶老师却说："我们班规定老师不叫床，除非你留学时带一个保姆走。"

这些话其实就是要我们有自制力，要虚心求学，明白英语的重要性。陶妈的每一句话都给了我们很大的启发，谢谢陶妈。她还要求我们利用资源，要一层次的同学帮助二层次的同学，鼓励二层次的同学主动寻找老师，提高自己，于是一对一、一对二就出来了，伊人竟然一带三。

五十五班的每个人就像一只海鸟，愿我们每个人都能坚持飞翔，抵达我们最终的岛屿。

妙如语录：帮助别人就是在帮助你自己。

※懿轩

我感受最深的就是陶妈的一句话，大概意思是：人肚子里要有货，这个时代，钱、帅都已经不是最重要的了，有知识并能将知识活用才是永恒的财富。

【家长留言】>>>

※家长晓明

孩子进入一个新的学习环境，没有迷惘，没有退缩，我们家长甚感欣慰，衷心感谢陶主任及各位老师与同学的鼓励、鞭策和关爱。希望懿轩同学进一步加强毅力和纪律，提升兴趣与动力，克服恐惧与懒惰，树立自信与目标，相信你的成绩会迅速提高。只要坚持，一定可以考取理想的大学。祝你成功，与有荣焉！

【再读之悟】>>>

从小到大，我们是经历过了些什么才有了如今的这番模样呢？

开学的几天里，心性转变，从一开始的随遇而安，到几天后欲与天公试比高。我们开始直面人生的种种选择，开始明白要为自己的未来出谋划策，所以为自己的碌碌无为感到焦躁不安，急于求成的我们常常会一次又一次地跌倒……

“慢慢来，路要一步一步地走。”这句话是陶老师的口头禅，却屡试不爽地治愈了我们受伤的心灵。路要一步步地走，就像我们从孩童走向成年一般的顺利，我们也定会从现在走向未来……

我很庆幸有您陪我们走。

思航

2018 年 3 月

2016 年 9 月 4 日

用《易经》智慧为卓越管理人才奠基

【妙如随记】>>>

班长久盛找我聊管理。

我说，他是班长，除了自己以身示范之外，就是想办法发挥班干部的作用。给他看了一段话：

习仲勋曾对习近平说："近平，不管你当多大的官，不要忘记勤勤恳恳为人民服务，真真切切为百姓着想，要联系群众，要平易近人，对干部有毛病有错误，要先跟他打招呼让他改，要是他还是不改那就是另外一回事了。批评教育要从严，但要给人出路。"（据习仲勋秘书张国英回忆）

而我，示范，陪伴，点拨……

大师或者说杰出人才的产生，一半靠天赋，一半靠培养。

大师的成长，需要具有大师情怀的老师引领——

大胆放手，放手之前有示范；示范之时有解说，为什么要这样做；放手之后有督导，有点评，有指导。

一段时间后，一批优秀的干部就产生了！

优秀干部的标志：愿意为他人服务，无抱怨；严格要求自己，不懈怠；管理方式很简易，又高效（大家心里接受）。

因一件特别的小事，引发一点随想，留言在此，孩子们亦可谈谈自己的看法。一般来说，大人的变化是从形式上开始的，孩子的变化是从心里开始的。这是我的看法。如果要做一件什么事情，大人首先就是从改变形式开始，而孩子却是从心里开始的。

就拿染发来说吧，孩子在没有进校之前，头发就已经染了，听到学校不能染发的规定后说："我以后不会染了，让它慢慢长，我就慢慢剪掉。"一段时间后所染之发就不存在了。

能够这样，我由衷欣喜，为这孩子点赞！

如果硬要在一两天内将染发解决，只有两条路：一是染回来，二是剃个光头。染回来对头发、对头皮都有损伤，剃个光头更不雅观。

教育不是搞运动，不要搞一刀切。

智慧与温暖同行，孩子才会幸福成长！

在你智慧与温暖之空间与时间里，孩子会用百倍的理性与万倍的温情回赠给我们的老师——

相信孩子！

六点二十分，久盛没在教室。这很反常，因为这个时间段他还没有一次不按时到的。有点担心他的安全，他是走读生。刚准备上楼打个电话，结果在楼道看到他和佳来在谈心。

之后，久盛和我聊了他们的谈话内容。

很是欣慰——

【学生日记】>>>

※静宜

有的人可能会说，现在才刚开始接触雅思，感到困难是很正常的，不需要那么着急。这个观点没错，但是，如果一直怀揣着这样的想法，在不知不觉间就会变得懒惰，放任自己。所以我觉得要适当地逼迫自己，要让自己知道既然已经开始学习雅思就要拼尽全力，努力向自己的最高目标靠近。

时间不等人，不要让将来的自己后悔。

※伊健

这些天我唯一学到的事情就是——自己说不可能的事情是真的不可能的，当一个人的心否定了一件可以完成的事情时，这就会成真。正如被瓶子限制了的蚂蚱，忘了自己能飞多高，从未尝试努力去飞，最终成为只能跳到瓶子高度的蚂蚱。我不愿被自己打败，不愿被别人打败，更不愿被一些毫无真实性的东西打败。世界是有才能的人的，而有才能的人与疯子只有一线之差。我是一个疯子，我不相信不可能，不相信否定。或许这么说过于唯心，但是至少不用理会那些现实的残酷。只有抱着变好的心才有可能变好。在这个我已知的世界里，最为强大的是人心。像一只犀牛一样，只管冲向目标，不管道路荆棘，不畏前方艰险，用自己的角证明自己。

※余果

我特别想要感谢两个人，一个是久盛同学，另一个是小现同学。前者，我认为是全能人才，从进入55班开始，我就视他为目标，他给了我动力。后者是最近才认识的，是一名可敬的学霸，他对学习的热爱超于常人，他也让我更加努力了。

【家长留言】>>>

※家长晓明

严师出高徒，无规矩不成方圆，希望同学们充分理解陶主任的良苦用心，一门心思扑在学习上，苦练内功，胸藏文墨虚怀若谷，腹有诗书气自华，用行动和成绩来报答老师，加油！

【再读之悟】>>>

太阳只穿了一件朴素的光衣，白云却披了灿烂的裙裾。

——泰戈尔

何为人才？“能为家族、国家做贡献的人，就是人才！”陶老师常这样说，“我们的身边从不缺少人才，我们55班就是一个人才的聚集地。”可究其源，是什么让我们变得越来越好呢？我们光鲜亮丽外表的背后，是陶老师一直在默默地支持着我们，将我们向前推，给予我们各种各样的机会来锻炼自己，也因此，我们才有了今天的这一番成果！

“千里马常有，而伯乐不常有。”陶老师昨日的辛苦才有了我们今日的甘甜……

春日之所以生机盎然，是这春风把生命的种子，吹进了每一寸土地，吹过了每一片山河湖泊；秋野之所以硕果丰盈，是这秋雨将收获的秘密告诉了叶与花，又顺着它们的藤，滋润了它们底下的根。

她就是我们的太阳，用自己中正平和的光，绚烂了我们的衣裳……

思航

2018 年 3 月

2016 年 9 月 5 日

唯以心相交，方能成其久远

【妙如随记】>>>

G20 峰会于 9 月 4、5 日在中国杭州举行。习主席在 G20 峰会的演讲中，引用了一句非常经典的话："以金相交，金耗则忘；以利相交，利尽则散；以势相交，势败则倾；以权相交，权失则弃；以情相交，情断则伤；唯以心相交，方能成其久远。"

G20 峰会是一个国际经济合作论坛，于 1999 年 12 月 16 日在德国柏林成立，属于布雷顿森林体系框架内非正式对话的一种机制，由原八国集团以及其余十二个重要经济体组成。G20 峰会旨在推动已工业化的发达国家和新兴市场国家之间就实质性问题进行开放及有建设性的讨论和研究，以寻求合作并促进国际金融稳定和经济的持续增长。

合伙做事也好，人际交往也好，都应珍惜缘分，珍惜时光；以善为念，学会感恩；以诚相待，以心相交！与高者为伍，与德者同行，必得善果！

感悟：心存至善，你的人生必有一块祥云！

有序的管理才会让人轻松。

今天，向学生推荐了《普通高中各学科核心素养一览表》，用一句话来说，就是培养具有中国底色、世界格局的跨文化能力的全面发展的人。

【学生日记】>>>

※静宜

最近越来越想要练吉他，一回寝室就抱着吉他，我自己都不禁感到惊讶。曾经我觉得练吉他是一件很痛苦的事情，弹得手又疼又觉得乏味，但我又想将来能弹自己喜欢的曲子，使其成为自己的一门特长。现在在休息时间，我可以自己弹弹吉他，放松心情，让浮躁的心沉下来，静下来。

※敬崇

刚刚看了陶老师转发的这篇文章，看完之后深有感触。这篇文章基本上概括了中学所有要学习的东西，给我们讲述了知识点的定义，让我们明白了学习这个知识点并不完全是为了考试，同时也是为了让自己的大脑可以得到某方面的锻炼，以后遇到某一类的问题可以以不同并且高效的思维方式来解决。

※久盛

下午的体育课，当我们满怀希望地赶到操场时，老师却给我们泼了一盆冷水。我们又要开始练习不喜欢的健美操了，班上的同学纷纷抱怨。当我们勉强练习过关时，只有十分钟的自由活动时间了，大家都不太尽兴。当然，如果我们练习时更认真，少几分抱怨，多几分努力，就可以获得更多的自由时间。

借这个典型的事件表达我心中的想法，有时候，努力尝试比满腹牢骚更好。

※伊健

“上善若水。水善利万物而不争，处众人之所恶，故几于道。居善地，心善渊，与善仁，言善信，政善治，事善能，动善时。夫唯不争，故无尤。”

——《老子》

水流向下处，处于众人所厌恶的低洼，却用自己的一丝一毫滋润着世界，而不与任何东西争抢。而水又是最为强劲的，攻坚无可匹敌，任何强大的城墙都挡不住水。水是庞大的，汇聚成汪洋大海。水又是微小的，一滴露水，一杯清水。地球上的万物都离不开水，水静悄悄地贡献着，没有人留意她，她却不声不响地支配了世界，没有人能离开她。与万物友好，而又不与其争抢。无形无状，变化万千。故几于道。

我愿抱着我心中的善良，绝不舍弃，尽我所能，不违背自己的良知，不违心。我愿化作降世的甘露，化作万千汪洋中的一者。这便是我的网名的由来。《蜘蛛侠》告诉我们，能力越大，责任越大，我将尽我所能，尽到我的责任。

【再读之悟】>>>

“唯以心相交，方能成其久远”，习主席在峰会上所提到的，是国家层面的治理和建设观念。而“心存至善，你的人生必有一块祥云”，则是我的班主任陶老师举一反三所提出的关于为人处世的独到见解。

我曾记得一句现代诗这样写道：光明如一个赤裸的孩子，在绿叶中嬉戏，他不知道人是会欺诈的。人与光明，真就是遥遥相对的吗？人与人之间，真的就没有那么一丝羁绊吗？答案其实就藏匿在我们每天的生活中。

正如同学之间，互相关爱与帮助；师生之间，理解与包容；亲子之间，支持与陪伴……这样的点点滴滴，难道不是在这浮华世界中独安一隅的真诚吗？这样发自内心的情感，才是真正能禁得起时间和困难双重考验的珍贵结晶吧。

思航

2018 年 3 月

2016 年 9 月 6 日

领先就有威信

【妙如随记】>>>

威信从何而来?

怎么样进行班级管理?

学生干部怎样承担责任，行使权力?

一句话，用制度先规范自己，再规范别人。

其身正，不令而行；其身不正，虽令不行!

养一身正气!

一个硬指标，领先就有威信!

练满身真功!

一种态度，真诚温和对待身边的人!

修内外风流!

如此，理性与温情同步，现实与浪漫同至!

【学生日记】>>>

※余果

咱们班可谓人才聚集，喜欢音乐的人数不胜数，喜欢唱歌的人那更是多了，但我对这件事有了不同的看法。

今天有节音乐课，老师来教我们发声，我原以为同学们会更加积极，但结果出乎我的意料，全班大部分同学聊天的聊天，打闹的打闹。开始唱歌时，大家的注意力更是不集中。我身旁就有同学，平常上课就喜欢唱歌，在宿舍也唱歌，但一到音乐课就和他人打闹，完全没有进入状态。这件事让我怀疑他们是不是真的喜欢唱歌。

我个人不是那么喜欢唱歌的，但我认为这是一门学问，是知识，所以我开口唱歌，所以我投入进去，不把它当作任务，而是享受它，这也使我学到了不同的知识。

【再读之悟】>>>

力量，是我们每个人的凭仗，有力量的人，才有能力掌控自己并影响他人的人生。

而问题在于，怎样让自己的力量具有威信和说服力呢？无数人为此头疼。明明自己有着真才实学，他人却不以为然；明明自己是规规矩矩的行为模范，可谁都不为所动；明明自己身兼要职，却无人愿意听命……对此，陶老师曾教导过我们：“作为组长、班干部，甚至以后成了企业管理者甚至政府官员，都要能够以身作则，严格苛求自己并理解与包容他人，这样我们的地位和力量才有威信和说服力!”

我们的班长余果同学也曾与我谈论管理一事，他说：“我从不试图钻空子，从不做违反规定的事情，并不是因为我对此没有想法，而是因为我所处的位置需要我遵守这些规定。如果连我这个班长都去破坏规矩，我以后对同学的管理和安排又有谁会遵守呢?”

威信是从何而来？每一个看似倔强的坚持，每一个看似死板的规范，都在不知不觉中影响着周围的人，威信的力量也就由此产生了。

思航

2018 年 4 月

2016 年 9 月 7 日

用眼睛寻找孩子们的长处，放大它

【妙如随记】>>>

小草刚出土，风吹雨打没问题，若用刀割，用脚踩，可能成活的概率会很小。可一旦活下来，就不可小视了。

小溪很小很小，你不嫌弃它小，它会逢山过山，遇阻盘旋，不顾一切，勇往直前，不入大海誓不甘。于是，大海丰盈了。

孩子们可能这样或那样的问题不少，用智慧的眼光去发现每一个孩子的长处，放大它，问题也就小了，少了。教育的盛景就出现了。

今天给孩子们推荐了中国 100 个容易读错的地名。地名是历史的精髓要素之一。虽是一个个简单的名词，却道尽了地与人、地与事、地与物的种种关系。中国地名体现了中国历史上的民族融合、疆域政区的变化、传统文化的观念，是中国历史文化的重要组成部分。读万卷书也行万里路！

【学生日记】>>>

※伊人

今天早上，我的徒弟们一来就叫我到教室后面教他们读单词，声音感觉比平常响亮多了，我感到很欣慰。看了陶妈写的文章，我明白了我们应该因材施教，他们每个人都很聪明，所以他们现在的不优秀不能代表以后也这样，我突然感觉经过这几天，我变成一个小老师了。和他们在一起的时候我很开心，每天进步一点点，一个月后就进步很多了。我说的都是实话，不要不信啊。这是我写给我的徒弟们的心里话。我每天会写，我想用日记来记录教你们的这段日子。

※刘权

陶妈常说手机只是个学习工具，所以她就放心地把手机交给我们自己来管理。我喜欢看网络上的那些玄幻小说，每次手机在身边，看到某某小说更新了，就会忍不住点开去看。其实我的内心是挣扎的，看的话就耽误了学习，不看的话就会一直想着。这不，今天第一节晚自习的时候，我在拿着手机看小说被张主任逮个正着。

【再读之悟】>>>

“棍棒底下出孝子”，“严师出高徒”，这是中华民族传承了千百年的一种思想文化。可是，一个孩子心智、性格的发展，真的只能通过如此苛刻甚至是伤害的方式来造就吗？陶老师曾与我们谈起过：“教育，应是秉着理解与包容的，是一个温情与理性并至的过程。”

“要有一双善于发现美的眼睛”，这句话我在许许多多地方都有所耳闻，可在我印象中，却只有一个人生着这样一双不凡的眼眸——那便是我的班主任陶老师。她的眼睛，看得到我们身上的一切，不论是阳光还是阴暗，她都清清楚楚；她的眼神，能穿过我们的胸膛与我们的心侃侃而谈，不论这颗心有多么的冷淡。她的心里，只装着我们的好，仿佛我们是那洁白无瑕的雪花。

在这双眼睛的注视下，我们心底那些闪闪发光的种子，才得以冲破这种种的黑暗，把绿意铺满心头。

是她把曙光带进了每一个学子的心中，也是她抹去了我们心头的阴霾，如画龙点睛般把这自信勾勒在了我们的目光里。

思航

2018 年 4 月

2016 年 9 月 8 日

今天，我负责任了吗

【妙如随记】>>>

今天，我负责任了吗？

我对自己负责了吗？

什么是我的责任？

责任：responsibility，应尽的义务，分内应做的事。

责：zé，形声，小篆字形，从贝，朿（cì）声；zhài，本义为债款，债务。

任：形声，从人，壬（rén）声，甲骨文字形。壬是任的初文，壬即担荷的担子的竖立形。本义为挑担，荷，肩负。

我作为老师的责任是什么？

我作为班主任的责任是什么？

作为学生，今天的责任是什么？

班长的责任是什么？

值日班长的责任是什么？

卫生委员的责任是什么？

手机收发员的责任是什么？

被指定今日进行教室卫生整理的同学的责任是什么？

……

若我们每一个人每天都问一下自己，并将所问比照落实，不管任何时候，一切就自然有序了——

今天，一个特别的细节，让我想起之前我的一个看法：大人发生变化大多是从形式上开始的。大人较孩子更注重形式上的改变，为什么会这样？

可能与一个词相关：太现实。

这可以从电影《西游记之孙悟空三打白骨精》中唐僧与孙悟空讨论“看”的一段对话里得到解释。孙悟空说他的火眼金睛能够一眼看透人妖本质，并暗示唐僧凡胎肉眼不辨忠奸。唐僧则表示他不怀疑孙悟空的眼力，可是，作为更了解世间因缘造化的高僧，他要用“心眼”看到孙悟空看不到的东西。

这就是说，孙悟空的世界不是黑就是白，不是人就是妖，而在唐僧的世界里，孙悟空看到的本质可能依然还是现象，因为所看到的妖前身曾经可能是人，而所看到的人来世却可能会变成妖。孙悟空只看到他的现在，看不出他的未来。生活中不仅有黑有白，还有灰色，要看远一点，不要动辄用武力消灭“妖孽”，其实是可以化解的。

不仅为现在负责，还要为将来负责，为今天负责，为未来奠基。

【学生日记】>>>

值日班长：伊静

今天的阳光格外明媚，本应是让人感到无限活力的天气，在课间操时却显得不一样，阳光晒得同学们都像蔫了的花、脱了水的草。我站在阳光下，看着其他人纷纷想要躲进不远处的阴影里乘凉，我也想向前靠一点。但是我看到了陈老师的目光，我赫然收住了脚，继而高高抬起，跟着老师的口哨声跃动了起来。因为我记得长辈们常说的：年轻人不能缺的是朝气和对抗困难的心！

※谭依

当整个二层被禁用手机的时候，我体会到了有团队精神是一件很重要的事，想要一个集体不受拖累，能做的就是做好自己。没有手机的这两天很多事情都有些不便，但导致不便的导火线也是值得反思的。希望自己以后的每一天都会给自己提示，不松懈不妥协，做好自己，不给自己丢脸，不让陶妈失望。

※静宜

今天为课外活动的事情纠结了很久。

陶妈对我说，不要被那么多活动打乱了心，只有增强核心力量才会真正的强大。

之后我思考了很久，最近我报名参加了许多活动。社团活动和兴趣班是必须要参加的，平常也要练习吉他，还报名参加了校园电视台和学生会。我不知道我能不能管理好自己的时间，衡量好事情的主次，也不知道自己能否做好这些事情。我不会忘记最重要的事情——自己的学业，在参加活动的同时，我的学业一点都不能放松，而且要在自己可以接受的程度上稍微加快一点进度。

※久盛

达者为师，能者居上。

班级，一个欣欣向荣之地。当班级正处于高速发展中时，切忌主事者拖沓，能力不足可以换下，当你一直手握权力却做事效率低是极为不妥的。所以我们选拔干部千万不能搞平均主义、形式主义，一切都要以为班级服务为准。选拔干部三不问——不问出身、不问成绩、不问名声。只要你肯干，干得好，你就上。很多人有特殊才能，这才能使班级团结一心，共谋发展。不拘一格求人才，才是选拔的最高境界。

※彭婷

我在初中就没有学好化学，到了国际部之后，加上语言的障碍，化学对我来说就更难了。即便是这样，我也没有放弃化学，因为我有一个很好的搭档，她的英语很好、化学不错，但在数学、物理上欠缺，这和我恰恰相反，正好我们可以优势互补，我教她数学、物理，她帮我英语、化学。正因为有这样一个难遇的搭档，我在学化学的路上才能顺畅前行。感谢我的最佳搭档！

※伊人

你也是一个非常好的搭档。我们有种无形的默契，有时能同时说出一个单词，有时能同时想到一个答案。我们可以互补，相信我们在学习的路上能畅通无阻！

伊人心得：不抱怨，不强求，才能保持好心态。

※余果

今天55班的主题是“今天，我负责任了吗”。我对这个问题思考了很久，作为手机收发员，我是否做到了恪尽职守，是否有对自己严格要求。我认为只有我自己做好了，自己做到了，才能管理别人，但我对同学的要求似乎有些不严，这有些违背了作为班干部的准则。我作为班干部，已经有了属于自己的责任和荣誉，我会对自己更加严格，然后管理好班级。

※茗轩

英语非我的强项，为什么我还要同时加入一堆的团体呢？这是有原因的，也是深思熟虑过的。我初中之所以没有得到外在的提升，我想应该是源于当初的一个想法吧。在参加学生会的时候我以为自己会太累，选择了放弃，后来参加小托福的机会也是这样丢掉的。到了后面参加年级活动时，也是一直在开脱，没有勇敢地参加，以至于我现在能力上有严重的不足。

所以我这次在经过思想斗争后，还是毅然决定了自己创社（虽然不知道成功与否），并加入学生会。因为我压根没有打算为了那些学历去拼，我相信自己的努力足以让我上一个理想的大学，在此基础之上，我要尽量地提升我的个人能力与阅历。

创社能活跃我的大脑，特色课是必需的，至于学生会的话，我还是想要去挑战一下自己。

【家长留言】>>>

※家长晓明

此刻，我的心和眼，是清澈又浑浊。你手写你心，让我惶恐，但更多高兴，揣摩在那一刻，以你为荣。给自己加油，懿轩。

【再读之悟】>>>

记得以前那句“天下兴亡，匹夫有责”被我们豪言壮语说成“天下兴亡，我的责任”，现在想起，突然发觉当时我们是那样青涩、无知。尚不知何为

"责"，何为"任"，不知自己的肩上所承担的是何物时，便夸下海口要以天下兴亡为己任……

且不谈及天下，而是细想今夕，我们度过的这一天天里，是否对自己、对他人负了责？又是否承担了自己所处位置应负的责任呢？

在我看来，一个人责任感的强与弱，并不取决于他承担的责任有多少、多重，而在于他对这些责任的看法和态度——"责任就是对自己要求去做的事有一种爱"，歌德的这句话恰恰说明，责任不应该是负担，而应是成就一个人，锻炼一颗心，照亮一方天地并与我们相依为伴的一盏长明的灯。

陶老师从细小的事情入手，给我们植入了责任意识。

思航

2018 年 4 月

2016年9月9日

自信与任性的区别在哪儿

【妙如随记】>>>

今天，给学生出了一个思考题“自信和任性的区别在哪儿”，只是提醒孩子们，要自信，不可随意任性。

给学生推荐了一篇关于出国留学的申请资料里怎样写课外活动、社会实践活动的文章，主要讲的是，课外活动拼的不是数量，而是有深度走心的活动，要有质量。

有一美国招生官说过这样一段话：中国学生确实很难像美国孩子那样投入大量时间精力在课外活动中。当我们评估一个申请者的课外活动成就时，我们更看重质量和影响力，而不是数量。你必须把课业放在头等重要的位置，尤其对中国高中生来说。

文中讲到，有一个小城市的女孩，被常青藤大学录取。她在读大学前弹了十多年钢琴，没有一天间断。虽然小学时便过了钢琴十级，但她弹琴绝不是为了单纯地练技巧拿证书。钢琴是她传递善意和帮助别人的媒介，尤其是弱势人士。她给盲人弹琴，一直坚持成了习惯。弹钢琴，太普通，再朴实不过了，却因为被赋予了别样的意义，也能秒杀空有大名头但并不走心的课外活动。

文中建议，不要追逐“名头有多大”，要重视“收获与影响力有多大”。用脑用心地对待和参加一项课外活动，是通过课外活动的积极影响来获得成长和进步，是在课外活动中展现能力、创造价值、做出有意义的贡献。

一个有潜力和有开创精神的学生，一个具有国际阅历和视野的上进少年，具有 passion（热情），dedication（投入），growth（成长），impact（影响力），每一位招生官都会青睐。

【学生日记】>>>

值日班长：敬崇

第四节课陶老师给我们讲了《烛之武退秦师》，他的能力可谓“一言之辩重于九鼎之宝，三寸之舌强于百万之师”。老师还主要讲了利益的利，战争发生的原因总结起来就是一个利字。利的甲骨文很有意思，陶老师边说边画：利的甲骨文，就是一根稻熟了，低下了沉甸甸的头，于是，人们就会拿刀来收割。很少有永久的敌人，却有永久的利益。人与人之间若淡化了利益，就纯洁了关系。

今天还特别值得一提的是，干部同学都很负责，班长久盛找同学谈话，副班长文钦卫生做得也特别好。

※余果

说实话，看了陶老师写的文章，我依旧有些模糊。但我对这句话的认识是：自信就是有实力的人、有资本的人对自己实力的肯定，是它散发出来的气质。而任性只是那些无为的人对自己无能的一种掩饰，只是一种过度的要面子的虚荣心。

我找到了这些单词——passion（热情），dedication（投入），growth（成长），impact（影响力）。

我认为一个自信的、有实力的人具备以上的几个特征。他们对学习、对生活的热情，对工作的投入，自身的成长速度，以及自身具有的气质，对他人产生积极的影响，这些都是超乎常人的。

所以总结出来，自信和任性的区别就在于自身是否具有撼动众人的实力。

※茗轩

刚刚打了几千字（至少 2000 多字吧），由于电脑出了点故障字全没了，没有力气再写第二遍了，心累，没时间了，感觉做一下小结了事……虽然不会流眼泪，但是心里多少会滴些血啊！一节电脑课的杰作啊……

妙如回复

呵呵，谁叫你又忘了我的建议呢！在你自己的空间写，粘贴过来不就安全了吗？同样的情况出现第二次，要流点血，心才会记住。

※彭婷

本次的主题是“自信与任性的区别在哪儿”。我认为，自信就是有勇气，运用自己的能力去面对前方的道路；而任性只是盲目行动，总以为自己很厉害，什么事情在自己看来都是小菜一碟，没头脑地一个劲向前冲，最终的结果只能是撞个头破血流。

※伊健

陶老师在语文课上给我们讲了战争的进化。首先是普通的常规战争，之后是货币金融战争，最后是智能智慧的战争。总的来说，战争只有一个目的，那就是利。我特别不喜欢这个字。利分两种，一种是靠自我努力而创造出来的，而另一种是掠夺。我讨厌掠夺，讨厌这种被利益蒙蔽良知的东西，而世界上大多的利都是掠夺。一次次的战争留下的是血与泪。愿世界和平。

【家长留言】>>>

※家长晓明

陶老师推荐的如何挑选和搞定课外活动的文章，请你多看几遍，很有帮助。关键是得有亮点，得有影响力，得有激情，人生何尝不是这样。希望你生活有灵魂，学习有效率，活出精彩，努力。

【再读之悟】>>>

自信和任性，两者看似毫不相关，实则只一步之遥——任性，是以自我为中心，在这世界的繁花相簇中唯独看到了自己；而自信，则是以一种更为谦卑的姿态，将自己展现在世人面前，自信的人，从自己看到了全世界。

如果说自信是一潭古井无波，那任性就是石子掷入水中所荡起的那躁动不安的波纹。自信不任性，陶老师所教导我们的，便是自信地放眼看世界，而不是做一个井底之蛙。信心，是一个人内在的潜力，有了信念，相信自己，才有机会实现由内而外的超越！试问，如果连自己都认为做不到的事，又有谁会去尝试呢？不去尝试，又谈何结果呢？

“做一切力所能及的事，这是人；而做一切想做的事，那是神。”我们只是这世间最为平凡的生命之一。人贵有自知之明，量力而行，是为自信；盲目自信，意气用事，是为任性。

其实，从自信到任性，只差了一个盲目，只差了这颗机缘巧合下掉入池中的石子。

我们都应该是自信的，泰戈尔也说“群星不怕显得像萤火那样”。

思航

2018 年 4 月

2016年9月10日

家长是孩子的第一任老师

【妙如随记】>>>

今天是教师节，亦如往年，收到昔日学生的电话、短信……

在校孩子问候，送来卡片。

家长是孩子们的第一任老师，在孩子的成长中所起的作用是厥功至伟的。向家长致敬!

从孩子身上，看到了家长的美好修养、品德。

感谢家长们，送了健康有礼的孩子到了门下。

恰逢是星期六，是孩子们一星期来可以出去的一个日子，家长来接的多。

收到了一份珍贵的礼物：家长们对我和张修明先生等主编的《中华最美诗文选》的认同、欣赏与传播。

有家长在微信群里这样写道：

以前我不是十分待见的这个学校，现在却有我百分待见的儿子在读高中，而且师从著名特级教师陶妙如，……

感谢家长，感谢学生!

给学生推荐了《刘墉：你要学会看见爱》。

【学生日记】>>>

值日班长：小现

第四节班会由陶妈亲自演讲，主题为“目标、条理、主次”。目标是大家一起创造现代化国际标准班（不要老师管，完全自我引领的新时代班），口号是“为自己成为大师、杰出人才奠基”。有条理主要体现为全班由班干部管理，班主任只负责发令。

团队轮流管理制——全班以互帮互助的模式形成小组（6 人一组），每组任命一个组长，每组组长轮流当值日班长，配合班长进行一天的班级管理，并提交班级日记，同时轮到的那一小组负责当天卫生。之后是学习习惯，有两点：1. 资料分类与管理——准备一个文件夹，养成自己整理资料的习惯；2. 读书的自觉与分享——每天预习与复习，自己应该有积极性与自主性，为上课做准备，同时也应该在没有组长监督的情况下能够自觉抵御诱惑，只用手机来学习。最后，大写的红字写明了学习需要有主次，比如说本学期目标应该是把英语学好，顺带地看得懂数理化题目，成绩也就自然上去了。另外，自己也应该明白出国主要是看成绩，课外活动也只不过是锦上添花，而学好英语是重中之重。

今天是教师节，祝全体老师越活越自在，越活越年轻。

※伊静

我没有想到现在的生活能这样充实，让我怀疑以前的 14 年都用去做了什么？我恨不得把以前那些多出的时间充到现在。母亲每天问着我差不多的话：“每天干了什么？睡午觉了吗？”今天下午的时候又对我说：“你这比初三还显得紧张！”我笑了笑，是啊，初三的时候哪有这么紧凑，有时间玩还有时间睡觉。我不禁反省起自己在初三时到底有没有努力。也许是我长大了，有些人说人越长大越会利用时间，所以就显得越忙，那些真的闲得没事干的都还没长大。

※余果

“你要学会看见爱”，这是陶老师转发的一篇文章的主题，它所列举的是平平常常的小事，我也曾看见爱，这些都是太过平常的小事了——

今天的班会课上，老师提拔我为一层班长。昨天才当上学习小组组长的我今天就成班长了，我有些慌张，因为我还没准备好接受挑战，压力很大，但我也清楚，这是老师对我的爱——严厉的爱。

父爱如山，母爱如水，老师的爱温柔中也带点严厉，生活中处处都是爱。在此，再次对全世界为学生辛苦付出的老师们说：“谢谢你们，你们辛苦了！”

2016 年 9 月 11 日

手中有权，该如何理性使用

【妙如随记】>>>

手中有权，该如何理性使用，这是应该要教的。

如果从中学开始，让学生有一个做大国总理的思维，我想，每一个孩子朝着那个方向努力，即使成不了大国总理也都将会是杰出的人才。

刚才在浏览孩子们的交流日记时，发现久盛将我对他停职一星期、手机停用一周的事情写在了网上。我便觉得，我应该将这个故事写下来，分享给老师、同学们。

先从他写的交流日记开始：

早上的时候，我换寝室的事情还是被陶老师发现了。

我不想怪任何人，不过我也没强迫任何人和我换寝室。我应该承担这件事的全部责任。其实在换寝室之前，我应该征求陶老师的意见，而不是私自换寝室。惩罚是停职察看一个星期和没收手机一个星期，这也没什么好说的。我又想起了《做温暖的教育》中的一句话——木秀于林，风必摧之。细思此言，感觉极其有道理。

我一定会严格要求自己，做一个合格的班干部。

《做温暖的教育》这本书很棒，蕴含了许多道理。

我回复：

“木秀于林，风必摧之”用在此处，如果从词语使用的角度来看，可以判不合语境。

违反了规则，承担应该的责任，你若视为“摧之”的话，按照逻辑关系来说，与你前面的“我应该承担这件事的全部责任”前后语意不一致，可以判为前后矛盾或者语义不明。

但看你最后一句“我一定会严格要求自己，做一个合格的班干部”，又感觉你是真心知道自己做得至少是不当的。

好吧，明白了就好。

作为班长，要有全局观，不能只考虑自己。

心有他人者，他人有你！让别人舒服的人，别人才会让你舒服。为自己的选择负责，才会让自己慎重选择。

在一个既定的圈子里，不选择环境，而让环境因你而改变，这才是有作为之人应有的作为。

做有挑战、有意义的事情。

这是我刚才看了他的交流日记后回复的。其实，这个回复已经不重要了，因为第七节课后，和久盛、伊健、嘉骏、文鼎四个孩子一道席地而坐聊了近40分钟。久盛已经真正明白了我这样做对他的意义。

开学已经两周多了，我一直在观察这些孩子的习性，希望能够在接下来的日子，让每一个孩子都得到更大的进步。

所以，周六做了一个班会：怎样管理。同学间已经组合出了比较理想的团队。

寝室准备周六晚上调整，久盛是走读生，我觉得他需要住校锻炼，为自己全面的提升做必要的体验。他自己也很希望，于是昨晚住校了。

他应住的寝室是开学时他自己选择的，当时，我和他说了，他有选择权，一旦选定，我不调整，但他不能擅自更换。而他没和我商量就私自换了寝室。如此，就有停职一说。

推荐了一篇不仅仅是尊师的文章：《陈克勤：以色列尊师如敬上帝，教育世界称雄》。

【学生日记】>>>

※潇航

今天我们的班长受到了批评，而陶老师给我们的主题是“手中有权，该如何理性使用”。为此我也思考了很多，从初中开始，政治课上就说了权力越大责任越大。正因为如此，班长所肩负的责任也越大，也只有做到完美才有可能不受到批评，但是所得到的回报也是非常大的，比如说可以锻炼提升自己的各方面，也可以获得仅次于老师的权力。其实学习也是一样的，付出越多回报也越多。我相信在这次批评之后班长得到的是成长。

今日心得：没有挫折的人生是不完整的！

※余果

对于久盛的事情，我表示很遗憾，但我做到了我该做的，我并没有欺骗自己的心。我作为一层的班长，我不光要管理好自己，还要监督他人。我手里有权，还是比较大的权，但我却有压力，手中的权越大，身上的负担越重，如何理性地使用，这对我仍然是大的挑战。

今天下午是学生会竞选，这对我也是一种挑战。我能否直视学生会成员的脸，如何流利地说完全程，能否被他们看中，这些是我演讲前考虑最多的事情，我的腿有些发抖。但当我站在台上的时候，我忘记了所有的事，我的腿也不抖了，我变得大胆了，大胆地发言，我感觉到了学生会成员对我的欣赏。这是我成为国际人才的第一步，也是超越自我的一大步。

感谢班级和学校给予我的机会，使我得到了突破，我希望越来越多的挑战能够袭来。

2016年9月12日

同学们比比看，谁的试验田……

【妙如随记】>>>

能力是培养出来的，也是逼出来的。但若核心能力没有形成，是有欠缺的，而这欠缺一般情况下又显示不出来。只有到了关键时刻，才知道自己的脚步跟不上心的速度。

每个人的核心能力是不一定相同的，但有一个核心竞争力——学习能力，是需要着力培养的。

唯一能够胜过竞争伙伴的是自己的学习能力，唯一能够超越自己的是走出范式。

给你一块试验田，尽情发挥吧！让每一个同学都具有学习能力！

中午进寝看到，孩子们在弹琴，看书。

怡情养性，这是我建议的，也是极力提倡的，每个人懂一门乐器，大家聚会时可娱乐，一个人独处时，可享受一种独处的清幽自我。

【学生日记】>>>

值日班长：余果

上午做了课间操。但说到课间操，我想在这向大家解释一下。有同学不喜欢做课间操，我问了身旁同学的理由，有的男生说跳起来很娘，有的人嫌弃这种操，说做起来像弱智。我百思不得其解，陶老师曾说过，简单做到极致就是绝招，万物皆有存在的道理，而课间操存在的理由则是在学习了很久之后的活动筋骨。

下午电视台的胡老师找到了茗轩，是关于我班的专访。阿雷是策划人，我甚是佩服，我为有这样的组员而感到骄傲！

※茗轩

今天我作为值日组员，清理了两个星期没拖过地的一层理科分层教室，并对一些事情进行了管理规划。

为什么这些是作为一个普通成员的我完成的？首先是感谢余果组长的信任和善纳，再是陶妈没有给我管理上的负担和侧面指导。

我今天好好地想了想，得出来一句话——当干部不是为了自己当的！

当干部，不求完成职责，而求做得最好；不问职责多宽，只求尽力！这才是真正的干部！

妙如回复

管理策略在班上整体指导，要“侧面指导”，就需要你自己来问咯。不问不说，这是我的习惯。有需要才指导。

2016年9月14日

未来需要双能型领导人

【妙如随记】>>>

孩子，未来需要的政坛领导人将会是双能型的：才能+财能，能包括能量与能力。

家庭起点较高，自己基础也不错，朝着这个方向，全面培养自己——

凡事预则立，不预则废！

【学生日记】>>>

※伊人

陶妈预知以后的人才是才能加财能，我会不会是其中的一员呢？我不知道。但是我要朝这方面去努力。或许现在的我们家境还不错，但这就是所谓的财能吗？不是，绝对不是，才能和财能是相互依存的，你的财绝对是你的才创造出来的，而你的才又是用你的财投资的。

※伊健

产品要随着时代而更新。人，也要随着时代更新。人，一旦与时代脱轨，就会被时代所淘汰，一旦被时代所淘汰，人就难以在社会上立足。在这个信息爆炸的时代，我们要学会不断地更新自己。

※伊静

今天是特色课程开课的第一天，我如愿以偿地加入了创意美术班。老师刚开始上课就问了我们一个问题："什么是美术?"

我回答："美学艺术。"老师说："再详细一点。"我突然发现我不知道美术是什么，我接触美术这么长的时间，却无法用语言来解释我的爱好。有个初一的小同学回答："画画呀!"老师点头："对，就是画画。还有什么呢?"我想起了那句"艺术源于生活"，老师却说："但它高于生活。艺术就是造型，生活中的各种事物的造型。"我恍然大悟：艺术就是你需要用静态的事物来表达你的情感、你的思想甚至是人存在的意义。用人的空间与自然的空间相结合，来构造一个时时刻刻更新的世界。

"不变即是瞬间。"这是陶妈在刚开学就说过的话。

【家长留言】>>>

※鑫威妈妈

孩子，妈妈希望你长大后，在你的市场，你拥有一席之地。我不想给你压力，只想现在的你在父母的保护下健康快乐地享受你的时光。今天看了你们同学的微信留言，才醒悟你们都长大了。孩子，我和你都应该给自己重新定位了。

2016 年 9 月 15 日

我们共赏那一轮明月

【妙如随记】>>>

中秋节，注定是一个思念的日子！

天上月圆，人间月半。

那一轮明月，却嵌在了心田，柔软的，散发着清香——

Be the king of the spiritual kingdom that is your heart.

年年岁岁月相似，岁岁年年人不同。

我们共赏那一轮明月……

【学生日记】>>>

※静宜

今天是一年一度的中秋节，是合家团圆的佳节。可自从小学毕业开始寄宿之后，就再也没和家人在一起共同过节赏月，只能打电话回家问候几句，甚是思念。虽然每次国庆放假回家他们都给我留了很多月饼，但还是很想在月圆之时一起度过。

今天晚自习前，陶妈来到教室，突然对我们说："想吃什么？我给你们买。"当时我们一下子还没反应过来，以为开玩笑，一脸震惊地看着她，她却笑笑，又再问了一遍。我们说，什么都想吃。后来定了两样，小龙虾和肯德基。突然感觉心里暖暖的，甜甜的，一种幸福的满足感涌上心头。她真的是把我们当成自己的孩子在照顾、培养，中秋节虽然家人不在身边，但有一位这样伟大，给予我们爱与关怀的人陪在我们身边，实在是可遇不可求。

中秋节，虽然身在他乡，但我与家人的心已团圆，正如那轮皎洁明亮的圆月。

※伊人

今天是中秋节，我们学校不放假，在同升湖待了九年的我早已习以为常了。

我发现我真的很累，虽然不能抱怨，抱怨会使自己更苦，但我还是想发泄。

我从来没有发现自己这么没用过。我的脾气不好，经常不能很好地控制自己的情绪，要不是有一群像彭婷一样的知心朋友，我想我一个人无法挺住。我的心理承受能力太差，我不知道我这样一个人在国外该如何生存。我真的突然对自己失去信心了，也不知道我当初选择的这条路是否正确，但是我也无路可走了。

作业成山，单词成堆，压力增大，我没有想到为了实现我的梦会这么难。真的，阳光的我一下蔫了，发现最近不好的事情都发在我身上了，我的决心颤抖了。

※天祺

下晚自习了，很多同学要走，我把他们全都叫住了。有些人问，要是老师不回来了怎么办？我说，老师从来没有忽悠过我们。过了一会儿老师回来了，大家欢欢喜喜地吃东西，却不知道陶妈为我们买东西时的辛苦。老师一直在分东西，东西全部分出去了，老师却没吃上一口。我问老师，不如钱大家一起出吧，老师笑着摇了摇头，我似乎懂了些什么，默默地走开了……

这世界上真正的爱不是靠嘴说出来的，而是用行动来证明的！

※久盛

小可心有所感，乃作诗一首，自恐献丑。

赏月·其一

皎皎寒光映敝舍，家人齐聚乐中秋。

唯恐穹宇难玉盘，十五月亮十六圆。

※伊静

今天回家路上有感而发：月半伴月独自归，夜晚湾夜双鹭回。

【再读之悟】>>>

中秋节，在过去，是“抬头望月，低头思乡”的孤独与寂寞，是“举杯邀明月，对影成三人”的无奈与心酸。中秋，对古时漂泊异乡的游子来说，是熊熊烈酒都醉不倒的哀愁。这天，在同升湖，在55班，我们顷刻间都成了游子，凭月怀乡，虽离家千百里不足断此情。

可是，纵使在这人间月半无法与家人团聚，我们却依旧在这一方小小教室里，找到了如家一般温馨的感觉——这晚，陶老师所带来的，不仅是美味可口的佳肴，更是对我们那一份如慈母般的问候与关怀。人生第一个不在家中过的中秋，却仍在学校找到了慰藉。

生活中，不可能每一件事都称心如意。中秋无月，笔尖却有诗意盎然；离乡百里，教室里仍情意绵绵。

有些事，有些东西，其实只能算是一种点缀，重要的是我们所操持的那份心态，那份娴静，那份温馨。无关风月，只系爱与情。

思航

2018年4月

2016 年 9 月 17 日

落实才是硬道理，耐心是抵达彼岸的桥

【妙如随记】>>>

今日班会。

表扬：学习氛围好，团队管理高效，寝室管理见效。

需要加强的：有始有终，出操，义务与责任。

为自己成为大师、杰出人才奠基！

我们不缺领先的理念，我们不缺先进的制度，我们只需要一点一点地落实，落实才是硬道理。

坚持落实！

用明天的要求来指导自己今天的行动。

晚上，组织 55 班任课教师召开了学情分析会。

因为底子较差的学生不少，凭着热情是撑不下去的，他们需要激情，需要韧性，需要恒心方可坚持。

我说了一句话：耐心是抵达彼岸的桥！

【学生日记】>>>

※静宜

今天班会的主题是“义务与责任”。陶妈明确了我们所有班干部的任务，强调了我们整个班级的目标——创造现代化国际标准班，不需要老师去监督的优秀

班，完全自主的新时代的引领班，还有我们的个人目标——为自己成为大师、杰出人才奠基！这些目标似乎远在天边又近在眼前。

我们必须沉下心来，用足够的耐心和信心面对未知的挑战。过程的确很艰辛，但没有艰苦的磨炼过程，哪来灿烂的明天？

※伊静

在回家的路上，我一直看着窗外，天蓝得不可思议。我放空了自己，看着路人，看着杜甫江阁，看着湘江，我中了邪般地突然看向云，盯了一会儿，飞速打开手机写了这样的话：

他躺在那片云里，边界模糊不清。谁也不知道他身处何处，他自己亦然。染着蓝色的云把他送入另一朵云的怀抱，那云白得不可思议。接着他消失了，带走了这世间的最后一丝痕迹。

阳光是这世间最后的希望了，可他还是没能照到万物身后所汇聚的阴影。人们嚷嚷着，要让世间充满光，却不愿让出自己身后小小的黑暗，那是私欲。是了，你说光与暗是对等的，阴阳交合才会生万物。但有人甘愿深陷黑暗，光明对于他们来说什么都不是，甚至可能代表危险，所以他们永远无法成长，只能躲在别人造的庇护里深陷黑暗。

※伊人

妙如语录：今日不实，明日虚。

伊人心得：一时的苦换来一世的甜。

2016年9月18日

9月18日，一个应记住的日子

【妙如随记】>>>

9月18日，一个不应忘记的日子。

纪念“九一八”，牢记：落后就要挨打!

好了伤疤，忘了痛。为什么好了伤疤会忘了痛呢？因为随着时间变得久远，很多事情会自然地被淡化被忘记。为了记住历史，我们就要设置一些情景，指定一些日期来提醒后面的人。记住历史，是要避免或者减少重蹈覆辙，记住那些曾经奉献过的人们；是要凝聚一种精神，在需要时，有前赴后继挺身而出的国人。

推荐阅读《一个人有文化到底有多么重要》。

文化，它不属于硬件配置，而更多地体现在软件属性上。

文化，到底是什么呢?

1. 教养

这是有文化的最基本的特质。斯文，文质彬彬，温文尔雅，这些词在古代都是用来形容读书人，有文化的人。

教养良好的本质，就是一个人的心气是平和的。气和而有悦色，有悦色则有婉容。

2. 气度

这是比教养提升了一个境界的特质。腹有诗书气自华，浩然正气，器宇轩昂，玉树临风，风度翩翩，卓尔不群，等等。

庄子说过，其嗜欲深者，其天机浅。

3. 关怀

一个气度非凡的人，会自然而然地继续自行升华。他在和外部世界，和他人发生关联的时候，是用一团和气去应对别人。

因为一团正气积淀在他的身心里面，所以他对外部的社会和他人，也是充满友爱和热诚的。

4. 抱负

一个对社会，对他人，对世界有关怀心的人，继续升华，到了最高的境界，那就是产生了远大的抱负。这也是油然而生的。

被外在世界驱动的抱负，大多只是关乎一己之身的奋斗，并没有超乎一己之身的关怀。

5. 神奇

有文化，有多重要呢？

它能把一个平凡的人，普通的人，从尘埃变成恒星。

它能化庸俗为文雅，化腐朽为神奇，化浑噩为灵气，化浅薄为深邃，化窝囊为伟岸。

有文化这件事，其实真正一开窍，后面各个境界的不停升华都是自动的，根本停不下来。

【学生日记】>>>

※敬崇

班上学习的氛围越来越好。我发现每当我想休息的时候就看见思航、余果、茗轩、小现和久盛等同学在学习，刹那间我有一种内疚的感觉，于是我的休息时间几乎减了三分之二。他们是真正的强者，我明白了我们之间的差距，我会努力让这差距慢慢变小。

【再读之悟】>>>

一个人的文化底蕴，究竟有多重要呢？

想一想，是什么让盛唐时期的中国伫立在世界之巅？又是什么让清末的中国屡遭侵略和迫害？讲来讲去，都是文化在导演着这一场场历史。文化的开明与繁盛，就像春风拂过杨柳岸，国之兴如花之娇艳；而文化的闭塞和阴暗，就如同那点星星之火，仿佛顷刻间便能使之灰飞烟灭。

史之为史，是留之于后，是为给我们引以为鉴。铭记历史，也是铭记文化缺失所带来的深刻教训；守住文化底蕴，就像是扣住了厄运的咽喉，即便是在最黑暗的年代，这希望也仍会闪烁着光。

一个人的文化底蕴，或许只是这夜空一闪而逝的刹那，可中国，有着十三亿人文化底蕴的超级大国，在这无数刹那间的芳华之中，便化作了那最为璀璨、绚丽的星河……

思航

2018 年 4 月

2016 年 9 月 19 日

孩子们，你们让老师们更添信心

【妙如随记】 >>>

昨晚下第四节晚自习后，我到教室拍下了这样一幕：

懿轩，因为同寝的余果、敬崇、思航、茗轩等还在记单词，也行动起来了。秋君与曼琦一道学习，袁卓、奥东、刘澧都在。

余果说，几分钟之前，走了七八个，有伊人、彭婷等那一群，还有小现、伊健等那几个。

这是完全的自发学习——

我和几个孩子聊了几句。

“老师，我不知道我会不会趴下！”

“别把自己弄得太累，回寝休息。”

“那不行，他们都在学——”“回早了，一下子也睡不着，人一多时间就花在闲聊上了。我们这个时候回去，其他室友已经睡了，我们都轻手轻脚，直接上床睡觉，时间利用率很高。”

和孩子们一道离开教室，其他几个孩子，跑到前面去了，敬崇和我一道慢走。聊起同学们如何努力，我说他们都很努力，我告诉敬崇，余果在网上发出了“我向敬崇挑战”的战书。

我笑问：“你们是不是也成了学习的机器了？”

他笑："没有，我们有运动，还会吹一下萨克斯，他们会弹吉他，等等。"

来到操场，走在前面的孩子已经在搞运动了，做了引体向上，跑了一圈……

尽管这个时候不是很适合做运动了，但我也没有说什么，运动这个东西有最佳时间，但在固定时间做习惯了也就无所谓了。他们早上也有自发地跑步。

有这样一群孩子，不用老师说什么，就在由内往外地学习。

用我的眼睛发现孩子的美好，用我的手记录孩子们的点滴，只为了给成长中的孩子们留下一道道隽永的风景。

孩子们，所有老师都会陪你们潇洒走世界。

We come nearest to the great when we are great in humility. 我们最为谦卑时便最接近伟大。

【学生日记】>>>

值日班长：余果

作为一层班长，我发现了一个问题——上体育课时，大家态度不端正。今天下午的体育课，练习原地踏步和行进间踏步。刚开始，做一些转体训练，这时，同学们的注意力已经有些不集中了。当开始训练原地踏步时，很多同学就抱怨道："这是那些小孩做的，我为什么要做？"于是变得懒散，我对他们说道："连小孩子都能做，为什么我们不能？"

一个动作做了很多次，浪费了多少想要早点结束训练的人的时间。班主任强调要有正气，我认为这是有正气的第一步。

※伊人

我发现我们真的很忙。昨天晚上布置的单词，因为我们几个女生都没有记好，所以我和静宜、彭婷五点就爬起来在寝室走廊记单词了。虽然很困，但是今天早上第一节课要听写，所以我们边打哈欠边写单词。中午也不能睡午觉，要在教室补习，当然，老师给我们留了时间在教室休息。

妙如语录：只要有上进的心，没有追赶不上的成绩。

※久盛

如果用一个单词简单概括现在，那么肯定是tired。早读记单词，课间电视台，中午学雅思，下午仪仗队，晚上微积分。我竟然感觉这比中考之前的那一段日子还累。我也陆陆续续加入了学生会、纪律委员会，还参加了足球社、电竞社、商业与领导力等的课外活动。我投入了自己全部的心血。我感觉自己像上了发条的机器人一般不知疲倦，伴随的是我的睡眠质量大幅度提高。不过我觉得我还可以被学习压榨出更多的潜能，因为我还没有晚上留下来上 extra lessons。支撑我的是一股不服输的信念，以及对未来生活的向往。奋斗吧！

※静宜

今天下第七节课后，电视台的老师来录了一段55班宣传片的视频，今天录的就是宣传片的开头，这一段由我担任主讲。

介绍稿在今天第六节课课间才正式完成，我背得很急，也背得不怎么熟，所以在老师布置场景和安排群演的过程中我也一直在背稿子。我是第一次拍这么重要的视频，特别紧张，内心的小鼓敲个不停，所以刚开始录的时候，我立马就NG了，感觉有些不好意思。之后经过几次NG渐渐平静下来后，很快就录好了，原来自己也是可以做到的。

现在才发现，录一个视频是一件多么困难的事，需要付出很多很多。现在还有其他同学的介绍以及全班的镜头，期待星期六看到成品。

【家长留言】>>>

※茗轩妈妈

看到这么多孩子（包括自己的孩子）那么勤奋地学习，作为家长甚感欣慰，但同时也深感担忧。作为一个母亲，总是希望自己的孩子能够快乐地生活和学习，可是这几天通过和孩子偶尔的沟通发现他压力太大，每天熬夜到凌晨，我怕长期这样会把他的身体搞垮啊！我真的希望孩子们能够懂得劳逸结合。学习可以循序渐进的呀，孩子们不要太逼自己了，除了学习是你的任务，保护好自己的健康身体也是你们的首要任务啊！

※家长晓明

看到懿轩同学慢慢步入正轨，甚感欣慰。你有一个很好的同桌——余果同学，希望你向他看齐，沉下心来，扎扎实实、聚精会神地学习，跟上节奏，分步实现自己的阶梯目标，祝你百尺竿头，更进一步。

【再读之悟】>>>

正如我们开学第一天所说的那样，真正的教育，就像是孵鸡一样，要提供的就只有适宜的环境。而至关重要的，不是教育者去把蛋壳敲碎让小鸡出来，而是要让小鸡明白，是时候要醒过来了，是时候要穿过这黑暗的桎梏去重见光明了。学习，就应该是这样一个自发的过程。

一句“孩子们，你们让老师们更添信心”，那无穷的力量不知鼓舞了多少学生。

今天，在国际部，在55班，我们行为自律，学习自主，因为学业再也不是我们的负担和压力，相反，它已经成为我们手中那柄能够披荆斩棘的利剑，它已是我们背后那双欲与天公试比高的翅膀。

“书山有路勤为径，学海无涯笑作舟”，我们都在路上……

思航

2018年4月

2016年9月20日

温情与理性相伴

【妙如随记】>>>

老师与家长对孩子的影响是很大的，若这种影响是温情与理性相伴，孩子会得到很好的引导。

孩子与孩子之间相互影响是很大的。晚自习时，听到这样一段经典对话：

静：请问一下这个题目。

健：好荣幸哦，学霸来问题目！

开讲后——

静：哦，不用了，谢谢，我知道了！

健：好气哦，讲到一半就不要我讲了。

我笑，大家都笑。

于是，用教室电脑记了下来。

就在这时，几个孩子考试完回到教室，讨论题目。

【学生日记】>>>

※敬崇

近期非常地努力，要做很多除了上课之外的事。今天好不容易有一节电竞社的课，但是突然被仪仗队喊去练习，很是不爽，本来想装作没听见，但是被余果叫了下去。我出去了还抱怨了几句，他就跟我说这是我们的责任和义务之类的事情，怎么可以懈怠，这是我们应该做的，不应该抱怨！我一时说不上话，虽然想反驳但是我知道我做错了，我应该反省，而不是愚昧地去反驳别人正确的话。

※天祺

进入学生会后我通常负责课间操检查，却碰到了难题。有些同学找我，让我睁一只眼闭一只眼，同意他不去做课间操，但是我拒绝了。同学很生气地问我为什么。你可知道，如果我睁一只眼闭一只眼，会有多少人像你这样找我？而且跑操可能是你这一天唯一的运动，你连这个都要逃吗？所以我选择了说不，其实做人必须要有原则，没有原则成不了大事！

※小川

来了国际部以后，我经常给自己算日子，以前从没觉得时间如此紧张过。

※茗轩

今天还是释然了些，至于我为什么想要进二层，那是因为我迫于K老师的压力。每天的单词量现在已经增加到了八十多个，为了避免无法完成任务，我只得选择退出。

刚刚陶妈把别人送她的一块蛋糕给了我，我接受了，并吃得一干二净。这时旁边有一个同学对我说：“茗轩，你怎么这么自私啊？陶老师这是口是心非啊，她又不需要减肥……”

我只是笑着答道：“我接受老师的蛋糕，不是以男女礼仪而受，而是以师生礼仪对待啊！”

老师为长，长欲授后辈东西，不接，我认为这是不尊敬他的。长辈和生意人，和朋友是不同的，拒绝长辈不是客气，而是违背长辈的意愿，因为长辈给的是爱，不是利益关系啊！

再是我吃得一干二净，当着陶妈的面！当着长辈解决，乃至看礼物，这不是尊重的表现吗？我认为，陶妈给我，我就要尊重这份礼物，尊重，就不能浪费，不能凉了她的心，或者有所顾虑啊！

然后，今天我受了陶妈之教，授礼，受教，授礼，还情！以这种方式，表自己决心！

【家长留言】>>>

※茗轩妈妈

今天下午我抽时间去了趟学校，非常感谢班主任陶老师百忙之中抽出时间来接待了我，并且很愉快地和她聊了近一个小时。通过和陶老师的沟通，我真的替我儿子感到骄傲和开心，因为他很幸运遇到了这么一个睿智的好老师。和陶老师的谈话使我茅塞顿开，使我懂得了作为家长或者老师对待孩子除了温情还需要理智。我也开始反思在之前这一点做得不够，以前的我对孩子确实是温情过多而理性过少。以前的我一味地迁就和满足他的所有要求，过多地承担了他的事务，以至于他到了学校后在生活自理方面和学习压力面前无所适从……

通过陶老师点拨，我终于明白了，我要学会放手，让孩子自己在成长的道路上承担他所该有的责任和历练。理性地放手更是一种爱的表现啊！孩子，妈妈永远相信你是最棒的！未来的道路上，妈妈相信你能披荆斩棘勇往直前……当然爸爸妈妈永远都是你坚强的后盾，会尽力给你创造能满足你的学习环境。加油，孩子！

2016年9月21日

率领并引导他人的人

【妙如随记】>>>

今天，受张修明主任邀请，联合为课程班孩子聊《易经》与领导力。

不是每一个具有领导力的人都能成为领导人，但领导人一定要有领导力，否则，就会失衡。

张修明主任用英文讲解了《易经》乾卦。

Qian represents heaven. 乾为天。

Subject：how to be a top leader. 乾卦提出的问题：怎样当最高领导人。

Example taken from the phenomena of nature：the dragon lies hidden in the waters，frolics on the land，seeming to leap up，but still in the deep，flies and soars aloft. This is how dragons grow. 取自然现象为例：龙从水中、地上、半空至高空成长变化的轨迹。

Advice：always aim high，constantly strive for self-perfection，and rest in the highest excellence. 建议方法：自我完善，止于至善。

提纲及材料分享

未来社会对人的素质提出的要求：创新精神、团队精神、（扎实深厚的）科学文化知识、开放的胸怀、终身学习的观念和能力。

做人之道

子夏问于孔子曰："颜回之为人奚若?"子曰："回之信贤于丘。"

曰："子贡之为人奚若?"子曰："赐之敏贤于丘。"

曰："子路之为人奚若?"子曰："由之勇贤于丘。"

曰："子张之为人奚若?"子曰："师之庄贤于丘。"

子夏避席而问曰："然则四子何为事先生?"

子曰："居，吾语汝。夫回能信而不能反，赐能敏而不能诎，由能勇而不能怯，师能庄而不能同，兼四子者之有以易吾，弗与也。此其所以事吾而弗贰也。"

——《孔子家语·六本第十五》

用人之道

"夫运筹策帷帐之中，决胜于千里之外，吾不如子房。镇国家，抚百姓，给馈饷，不绝粮道，吾不如萧何。连百万之军，战必胜，攻必取，吾不如韩信。此三者，皆人杰也，吾能用之，此吾所以取天下也。项羽有一范增而不能用，此其所以为我擒也。"

宓子贱与巫马期。

用人与用力。

管人之道

上尝从容与信言诸将能不，各有差。上问曰："如我，能将几何?"信曰："陛下不过能将十万。"上曰："于君何如?"曰："臣，多多而益善耳。"上笑曰："多多益善，何为为我禽?"信曰："陛下不能将兵，而善将将，此乃信之所以为陛下禽也。且陛下所谓天授，非人力也。"

眼要远，心(胆) 要大，脚要实。

预见与规划。

选拔与引导(包括演讲)。

落实与创新。

【学生日记】>>>

※伊人

今天下午的特色课程，是由陶妈来上的，题目是“《易经》与领导力”。老师先让我们自己写一个关于寝室管理的策划案，我们四个人很快就讨论出来了。我们的策划案分为四点：第一是分工，必须要明确；第二是纪律，必须严格管理；第三是和谐，必须要团结互助；第四是公共设施，必须要合理分配与爱护。我觉得我们写得还不错。

之后，陶妈又运用多个典故向我们揭示蕴含的道理。比如，孔子的四个学生，一个比他信，一个比他敏，一个比他勇，一个比他庄。别人就问他，为什么能管他们。他说，因为信的不能反，敏的不能诎，勇的不能怯，庄的不能同，但他能，所以才能管住他们。陶妈教我们当领导，怎么用人怎么管人，非常受益。

※佳来

今天，陶妈给我们上了一下午关于《易经》与领导力的课。她一开始就让我们想一个管理自己寝室的办法，我想了一下，觉得可以从人的方面来考虑。一个成功的产品必定是由各种元素组成的。我们假设一个寝室是一个产品，首先就要考虑这个产品的组成，要有营养、有吸引力等，所以一个寝室最基本的人必定要互补、多样，而不是千篇一律。然后就是每个人的价值，能给室友带来什么效应。因为在学校，人一天至少有10个小时的时间是用来学习的，在这么大的学习压力下，我认为寝室是用来放松的，而不能一律军事化管理，当然这个放松并不意味着什么过分的事情都可以做，我们可以讲话交流什么的。人的学习一定程度上是通过与别人的交流获得的，我学习你的长处，你学习我的长处。这是为什么寝室的人物性格组成对我来说这么重要的原因。但不一样的是，产品是死的，人是活的，这就存在了多变性，这种寝室规则自然就形成了。我喜欢分层的放松管理，一个寝规可以分为良好、违纪、底线这三层，虽然施行较难，但不需多说，因为大家都这么大了，心里自然明白这些东西，该做与不该做的看眼色就会明白了。

※小川

最近电视台在拍班级宣传片。真是书到用时方恨少，我想把脚本写得有文采些，却像挤牙膏一样，还是和张主任讨论以后才有了思绪。现在还差一句有内涵的结尾，我打算找陶妈交流交流。晚自习快结束时和Tina讨论了一下。Tina一直是我很敬重的老师，从衔接班的时候就希望Tina能教我英语，没想到梦想成真了。

2016 年 9 月 23 日

不知礼，无以立

【妙如随记】>>>

在第五节课上聆听了张修明先生的语言、文化、能力三元融合的留学指导课，反复品味后，分享于此。

不知礼，无以立

1. 孔子曰："不知命，无以为君子也。不知礼，无以立也。不知言，无以知人也。"

《论语 · 尧曰第二十》

2. 子张进曰："敢问礼何谓也？"

子曰："礼者，即事之治也，君子有其事必有其治。治国而无礼，譬犹瞽之无相，伥伥乎何所之？譬犹终夜有求于幽室之中，非烛何以见？故无礼则手足无所措，耳目无所加，进退揖让无所制。是以其居处长幼失其别，闺门三族失其和，朝廷官爵失其序，田猎戎事失其策，军旅失其势，宫室失其度，鼎俎失其象，物失其时，乐失其节，车失其轼，鬼神失其享，丧纪失其哀，辩说失其党，百官失其体，政事失其施。加于身而措于前，凡动之众失其宜。如此，则无以祖洽四海。"

3. 子曰："古之君子，不必亲相与言也，以礼乐相示而已。夫礼者，理也；乐者，节也。无理不动，无节不作。不能《诗》，于礼谬；不能乐，于礼素；于德薄，于礼虚。"

《孔子家语 · 论礼第二十七》

以上选自我和张修明先生合作主编的《最美论语》之孔子说礼篇。

张主任用纯正娴熟的英语授课。

首先，请同学们说出表示礼节的单词。

同学们搜寻，师生一道筛选：etiquette，propriety，ritual，ceremonial，ceremony，courtesy，manners。

表示立的单词有哪些？

同学们说，张主任快速书写：establish，stand，erect，set up，upright，vertical。

接着，张主任请同学们将“不知礼，无以立”翻译成英文。

伊人、嘉骏等说了自己的理解与翻译。

然后张主任将他的翻译呈现，给学生参考，在此基础上，抛出了探究问题：9月25—27日，美国费舍尔区一个校长代表团来校访问，我们将用怎样的礼仪接待？

每个人都是中国的名片（name card）：接机，向导，坐车，坐席，座谈，交流用语……

听着张主任的课，不由联想到他的“中国底色，世界格局”之语，我们该着怎样的底色，才能立于这个瞬息万变的时代呢？《礼记·礼运》中有一段话：“夫礼，先王以承天之道，以治人之情。故失之者死，得之者生。《诗》曰：‘相鼠有体，人而无礼；人而无礼，胡不遄死？’是故夫礼，必本于天，殽于地，列于鬼神，达于丧祭、射御、冠昏、朝聘。故圣人以礼示之，故天下国家可得而正也。”

不知礼，无以立。礼，不仅指礼节、礼仪，还包含规章、制度、规律、伦理道德等。

道德学问能立住了，在人群中立足就不难了，事业也就有望有成了。

孩子们在这样古今相承、中西相容的留学指导课中一点一点地吸收，他日定能立德，立功，立言。

《左传·襄公二十四年》：“太上有立德，其次有立功，其次有立言，虽久不废，此之谓三不朽。”三立：修养完美的道德品行，建立伟大的功勋业绩，确立独到的论说言辞。其实就是做人、做事、做学问。

【学生日记】>>>

※柏安

今天张修明主任给我们上了一堂关于礼仪的课，让我了解了很多关于外交的礼仪，比如坐车的位子、开会的座次、饭桌上的座次，还有很多。这些知识不是在外面随便就能获得的，能在课堂上学到这些知识很开心，以后与别人在一起也不会被别人笑话没有礼貌了，哈哈！

※静宜

今天 Alex 的课给我们讲解了有关礼仪方面的问题。他首先让我们翻译《论语》中的一句话“不知礼，无以立”。用英文翻译古文还是有一定难度的，但是在 Alex 的引导下我们还是翻译出来了：If you do not understand the propriety，there is no way for you to be established. 我们国家自古以来就是礼仪之邦，而且现在是全民外交，我们将来要走出国门，我们将会成为我们祖国的名片和形象。细节决定成败，学习这些礼节能够提高我们的修养，对我们来说尤为重要。

※思航

今天是轻松的一天，早早地记完单词，早早地写完作业。没有英语课，没有慌慌张张，没有急躁。what is a nice day！至于为什么要早早地把事情都干完，嘿嘿，那是因为今天晚上已经有安排了。看着班上那么多人多才多艺，我也跃跃欲试，也想加入乐器行中，所以托余果同学带着我一起弹吉他，不论学得怎么样，往后总归是一门技能。加油。

妙如回复

哈哈，张主任用的全英文授课，数学老师也是，除了中文课没用英语，其他全是英语。你只把英语老师上的课才叫英语课，说明你已经习惯英语上课了哟！

※靖汶

今天班长久盛让我们拍一个全班的全家福，开始时，大家都还有些不在意。经过陶妈和同学们的“拉扯”，我们就开拍了……

下午，有一节 Alex 的留学指导课。Alex 为我们讲述了中国礼仪和外国礼仪，我不禁感叹道：原来礼仪也是一种学问，而且这么大！真是学海无涯呀。

※余果

每天的任务很多，我是真正地认识到了什么是职务越多，肩上的担子越重。因为我体验过了这种艰辛，所以我学会了换位思考，我也学会了如何用更好的办法处理事件，磨平了以前的棱角。这么说可能有些自恋，但我是觉得我变得比以前更成熟了。我心中一直认为，既然在做事情，那就想尽办法尽量将这件事做到最好，即使这是一件我不很喜欢做的事，但既然被要求做了，就要扛起责任，认真完成，一丝不苟。我能做的就是努力做好现在，学习更多的知识，我将积蓄力量，在不久的将来一鸣惊人！

※伊静

社团终于步入正轨，学弟学妹们不再吵闹，开始干正事。甚至有一个小学弟积极主动地来向我学习画画，一下课就来找我看他画的画。这对我来说有一种非常新鲜的感觉，因为从来都是我向别人讨教问题，而不是我去教别人。我在做一个合格的老师的道路上摸摸索索地前进。

※伊人

一个月马上就要过去了，时间真的很快。我一天天地在成长，一天天成熟。今天老师问我，我是一个什么样性格的人。我想了想说，我是一个超活泼的女孩，我喜欢把欢乐带给别人，看到别人的笑容能让我更加地开心。我很喜欢这样真实这样傻傻的我，希望我能永远这样。在国际部，我交到了许多朋友，走在路上，会遇到初中同学，互相打招呼；会遇到初一的小学妹，她们跑过来挽着我的手叫姐姐；会遇到高二的学姐，一起讨论各种各样的问题；会遇到我的兄弟们，一起互相问候、打打闹闹。在这个大家庭里，我真的觉得非常开心。

在繁忙的学习中，能与你们开一下玩笑，打闹一下，拍一拍肩膀，我的压力都会减小不少，有你们真好。本来我是从来不敢在别人面前唱歌的，和我玩了很多年的人或许都没听过我唱歌，但是在昨天，我在寝室被带动起来了，唱了出来，我为自己迈出这一步感到高兴，谢谢大家。

为什么今天要写这些东西呢？因为前面很多篇我都是写的自己的学习，但是我的日记绝对不只有学习，一定会有我的生活，所以今天就趁这个机会写出来。

※久盛

有 24 个孩子在铁轨上玩。一个孩子很听话，在废弃的铁轨上玩，另外 23 个孩子不听话，在有火车运行的轨道上玩耍。这时一列火车驶来了，如果你把轨道扳到废弃的轨道上面，那个好孩子可能会死亡。但如果你什么都不做，那 23 个孩子都将丧命。我们到底该怎么做呢？为了多数孩子的生命而牺牲一个无辜的好孩子，还是为了这个好孩子而无视其他 23 个孩子的生命？这是一个艰难的抉择。老师，若是您，会怎样选呢？

妙如回复

我不是扳道工，根本就轮不到我选呀。但我会对我所遇的孩子施以这样的教育：在行为的领域里，务必按照规定的程序来，哪些做得，哪些做不得，学会守规，学会守法。若不然，一旦违规必受惩罚，一旦违法必受法律制裁，有时可能还会付出生命作为代价。中国是一个德法并治的国家，我们的教育也应德法并育。为了长治久安，为了每一个守法人得到保障，为了全民都能自觉守法，严格执法，才会有保障。

2016年9月28日

三十七天风情，点点滴滴入心

【妙如随记】>>>

尊敬的家长：

您好，自2016年8月26日开学至今已经三十七天。在这三十七天里，和您的孩子朝夕相处，从他们的身上感受到了您对孩子的影响，他们行为有礼，说话有理，心中有你！作为老师，为有这样的学生和您这样的家长感到荣幸！

三十七天里，55班在学校领导的亲切关怀下，在部门领导、老师们的多方关爱里，成长比较稳健。

班干部非常有力，班长久盛成长较快，余果、文钦执行力很强，静宜学习引领效果好。嘉骏卫生督促用心，其他干部同学亦是各司其职，各负其责。

在这短短的三十七天里：

9月8日那天，学校董事长薛建国先生、总监茹庆全先生在孙校长和张主任的陪同下，中午到55班教室来看望孩子们，并和在教室的学生合影留念。

孩子们每天写的日记，孙校长在看，张主任微信快转，科任老师人人关注。当然，也得到了您的关爱、点赞，孩子们备受鼓舞。

我们是使用手机的班，也是开了电竞社的班，还有班级音乐社团、商业与领导力班。孩子们学中学，玩中学，学中玩，转换已经很自然。（手机使用步入正轨，二层学生手机由文钦同学根据需要发放，一层由余果同学根据学生需求发放使用。手机保管暂时还安全。）

团队管理效果不错，八名团队领头人文钦、余果、鑫盛、小现、柏安、嘉骏、岳东、彭婷都各具特色，达到效果。

寝室管理也进步较快。216、115一直是非常优秀的，其他亦有进步。

最值得欣喜的是他们在做人、学习上的进步。他们互相欣赏，互相点赞，见贤思齐，同学之间互相询问自己的不足，以求改进。以厚德方可载物来要求自己。

他们主动学习、相互追赶、相互鼓励的学习氛围已经形成，以自强不息、止于至善为要求，通过努力，学习成绩相较入学成绩、中考成绩有明显的进步。分享几个情景。

情景1：

两孩子在我办公室聊天。

我问其中一男孩英语考了多少分，男孩回答50多分。

“自己觉得进步了还是退步了？”

“当然进步了，我以前初中英语从来就没有超过20分。”

“那可能是题目容易些。”

“我现在认得的单词多一些了。”

我问另一男孩考多少，他说80多分。

“进步了还是退步了？”

“老师，我应该是天翻地覆地进步了，我初中就是三四十分的水平。现在英语老师是我心中的女神！”

二层是用同一张试卷考的，并且在同一个考场。

相对来说，孩子们真的有进步。

情景2：

学生1：“老师，想请教一个问题。余果说这个假期除了弹吉他、每天正常的体育运动、去看看亲人之外，就准备将其余时间全部用来攻克英语，而我只想先去放松玩一玩，他是怎样做到的？”

我边写文章，边说：“一个人想要做成一件事，并把这件事做到极致，需要暂时放下一些其他的。一双手一下抓不到两条大鱼的时候，只能一条一条地抓。”

学生 2 问学生 1：“你说说看，我应该注意哪些方面？”

学生 1：“对人态度要一样，不能对这个脸色好一些，对那个脸色差一些，其实，有几个同学还是很看重你的脸色的。不管别人对你态度怎样，你都要对别人好。始终微笑着对别人，真的是万能一招。”

学生 2：“……”

学生 3：“是的，你确实在这方面要注意。”

我听他们聊、和他们一起聊，有 40 多分钟。

因为孩子们的努力、向上，学校电视台为 55 班做了一个专题片《我们的 55 班》。

因为孩子们创新，“55 论见”专栏被电视台采纳，茗轩同学负责策划，孩子们自导自演，效果也不错。

校报征稿，国际部负责宣传的刘老师从 55 班班级日记里选了两天的记录，登在了《同升湖》上。

尊敬的家长，孩子的成长就像是一个在全方位的立体空间里酿酒的过程，酒是茅台、1573、五粮液还是更好的酒，这要靠多方因素了。

读书，读人，读路，这是成长的必经工序。

过去的已经过去，今天才是重点，明天靠今天来落实。

为了孩子们的成长，接下来，我们会按照孩子们自定的规划一步一步落实。

作为班主任，我深信：有您的成功影响，有学校老师的超前引领，有孩子们自己的主动奋起，无限风光由人创造！孩子的明天一定会更好！

顺祝秋祺！

班主任：陶妙如

【学生日记】>>>

值日班长：伊健

陶妈今天不在家，但是大家并没有受到太大的影响。在没有班主任的运作之下，大家已经可以做到自主管理。今天，大家已经知道自己的各科成绩。在这次月考中，我们55班战果斐然。大家在各科考试中沉着应战，考出了我们55班应有的成绩。这一个月来，每一个同学都尽着自己最大的努力，不断地提升自我。这段时间里，余果、敬崇、静宜等同学每天都坚持加时学习。每当夜深人静时，除了我们教室的灯依旧亮着，整栋国际部大楼一片漆黑，同学们依然在刻苦学习，更有甚者与高三一同下课。余果、敬崇、思航等同学互相帮助，互相竞争，整个55班，浸泡在浓浓的书香中，沐浴在老师智慧的光辉里。为了55班的未来，每个教授55班学子的老师都付出了自己的真心，没有老师的帮助，我们便无法像这样快速成长。

这一个月，我们付出了，收获了。我们有过错，亦有成功，在苦与乐的交织中，绘出了这个月快乐的回忆。

※何茜

一个月很快，也很匆忙，流水而过，未留痕迹。所留下的不过是我脑子中的记忆罢了，学了很多，也忘了很多。学到了一些课本之外却让我受益终身的东西——宽容大度。很多时候太过于在意一些压根就无关紧要的东西。自己以为很重要，其实也不过是放不下而已！很多东西并没有你所想象的那么重要，很多时候只是因为一种习惯罢了，一些事情久了，多了，就自然而然地成了一种习惯，在你不知不觉中。曾经以为，钱是万能的，其实并不是，钱能够使你的物质生活变好，但不能让你的精神世界得到满足。知识才是陪伴你一生的礼物、财富。学习有很多的苦与乐，也只有自己去体会才能够更好地去诠释。

【家长留言】>>>

※茗轩妈妈

加油吧！宝贝，你的努力，你的成长，我们都看到了；你的不足之处，你的野心勃勃，我们也看到了。作为家长，我们更希望你稳步前进，循序渐进……

※靖汶爸爸

通过衔接班展示会，我们全家都看好陶老师，看好同升湖，看好靖汶。但靖汶身上的毛病也不少，浮躁、分心也是致命的呀，所以希望你学习一门乐器来修炼你的心性。还有就是回家后只想着给自己放假，没想过父母为你的付出。在家时间不是很多，要为母亲分担力所能及的家务，不光是让你尽了孝道，也能让你懂得更多的生活技能，相信你是最棒的！

2016 年 9 月 29 日

成长的声音

【妙如随记】>>>

一切公开，直面一切！

欣赏自己，欣赏他人！

读书，读人，读路！

转《同升湖》校报 2016 年 9 月 27 日总第 121 期。

55 班的星期六和星期三

【编者按】55 班是国际部 2016 级高一的一个行政班级，按照国际部因材施教、分层教学的方式，学生走课到四个不同的小班学习。在陶妙如教授领先的教育思想引导下，孩子们日日新，苟日新，又日新。

◎我们的理念，我们的路

9 月 17 日　星期六

伊人：陶妈上班会课“义务与责任”。“为自己成为大师、杰出人才奠基。”“我们不缺领先的理念，不缺先进的制度，我们只需要一点一点地落实，落实才是硬道理。”“成为现代国际化标准班，完全自主的新时代的引领班。”这节课不仅让我们知道了自己该怎么做，也知道了怎样发挥集体的作用，怎样去创建一个好的班级。

承熹：习主席曾经多次强调过，落实才是硬道理！不要讲那些所谓的大话和大道理，要一点一滴地去实践。光说不做只是纸上谈兵，而一遇到真正的大事，那些所谓讲大话而不落实的人只能是被吓得面容失色，必定会被世人所唾弃。

柏安：陶妈用的团队管理策略，我认为效率很高。我是一个小组组长，我能感受到自己组管理班级的压力。如果别人的团队做得比我们好，而自己的组做得不好，被陶妈批评我也会很不爽，所以轮到我们组的时候我也一定会全力地为班级献力！

9月21日　星期三

敬崇：深奥的《易经》在陶老师的故事中形象了起来，识人、用人、管人真的很有学问。我发现余果很有正气，学习也认真，还非常谦虚，又特别照顾别人的感受。明明每次单词记完了，课文背完了，我问他的时候他都会安慰我说他刚刚记完，或者是说还没记熟，偶尔我记得比他快那么一点，他就会说我好厉害，这样的人可以当领导人。

茗轩：今天下午听了陶妈的课，回想以前，我确实缺少正气。不是说我有邪气，而是因为我把自己埋得太深，只和少数人交往，去指点少数人，不去帮助那些我所认为没必要花费心思去帮助的人，因为我不想去费力管他们。我现在觉得，不能如此。

浩涵：Alex用熟练的英语向我们解释了《易经》的乾卦，听陶老师说，张主任曾经为了找“张藏有度”翻了很多的书，这种严谨治学、追求至善的精神值得我们所有人学习。我的目标是向张主任学习，能把英语运用到古文中，但没有扎实而又丰厚的底子是不可能做到的。

余果：我熟知了未来社会对人才的要求。我想成为国际领导人。陶老师说：“每一个人都是我的助手，每个人都是我的伙伴，每一个人都是我背后的力量。”我理解的用人之道是“只要有我的伙伴们在，整个集体就不会发生任何问题”。我对管人之道的理解是“不能只让一人过得很好，而是让更多的人享受到美好”。这些都是我对整节课的总结，陶老师还有一句话：“当领导的人，耳朵要能听得，眼睛要能看得，心里要能装得。”

小现：一个有领导力的人从来不会事事亲力亲为，也不会越俎代庖。同时，身为一个领导人，不要把所有事情的好处霸占了，而要留点给后来的人，这样可以达成和谐的关系。

彭婷：陶妈说，具有领导力的人不一定都能成为领导人，但成为领导人的人一定要有领导力，否则，就会失衡。眼要远，心（胆）要大，脚要实。这对我启示很大。对自己要有一个预测与合理的规划，这样才不会像一只无头苍蝇到处乱撞。

静宜：陶妈说领导力的培养要与生活挂钩，脱离了生活谈领导力是空谈，培养领导力要从解决生活问题开始。一开始，陶妈就让我们做个简单的策划案——如何管理好寝室。这是个最实际的问题，与我们息息相关。

◎我们的选择，我们的玩乐

9月17日　星期六

潇航：今天是周六。说实话，在休闲的时候，时间过得真的很快。到学校时已经17：59了，只差一分钟迟到，我急得把拖鞋一脱就往教室跑，跑到教室铃声停。

天祺：今天星期六，为师傅伊人补办生日。过完生日想起了还有一些作业没有做完，到了学校。学习不易，时间可贵。

伊健：手持巨剑的少女躲在高大的草丛之中，静静地等着。当几名手持巨炮的少女经过时，她与她的同伴如离弦之箭一般弹射而出，不断地翻滚、跳跃、横斩。地上冒出一朵朵梅花……这不是玄幻小说的情节，这只是游戏的一幕。而那名少女的操纵者便是我。不畏艰险，勇往直前。这是一种信念，一种精神，电子竞技精神。现实中，有太多顾忌，却忘了只有认真去做才能改善。

9月21日　星期三

曾朝：第一次当演员，第一次参加影视制作，很兴奋，拍时特别容易笑场，很容易忘台词……在花园拍摄时，有很多蚊子，为了不影响拍摄进度，所有人都忍着。今天的拍摄让我明白了不同的角色对整体来说都很重要，每一个人都是团队一部分。

◎我们的学习，我们的逐梦

9月21日　星期三

伊静：下午特色课程，我学到了将错就错。在画银灰的时候，我不小心将白色滴在了纸上，我有些懊恼地用笔在纸上乱擦了一通，想要重新画一张的时候，我发现这张比我原本的更好看！白色的颜料呈絮状就像天上的云，背后是暗灰色渐变的天空，仿佛是破晓时刻的定格，这反倒是我最满意的一张画了。

思航：看着小雷和大崇两个原来基础不是很好的人如此努力地学习英语，分秒必争地背单词和课文，我感觉心中有一种强烈的紧迫感，那种分秒钟会被别人超越的感觉真的很不好受。陶妈说“领先才有自由”真的很有道理，“置我于死地者，必将赐我以后生”！

文钦：原来是懒得读书，继而是不想读书，接着是被迫拿书，早一段时间是主动找师傅问书，现在是带着大家一起开始读点书。

【编者按】自主地学习，诚信地做人，自信地交往，多多益善地沟通，是国际部张修明主任期许学生达到的，也是未来社会注重的。陶妙如教授预见未来需要的将是双能型领导人，55 班的孩子们正在一步一步地往前走……

【家长留言】>>>

※文鼎妈妈

陶老师辛苦了！我家小鼎这学期成长得比较快，以前在学习上非常懒散，并且缺乏自信。在您的教导下，我们看到他慢慢找回了自信。都说老师是孩子的第二父母，碰到对的老师是孩子的幸运。因材施教是一种策略，能让孩子们欣赏并能走进孩子心里的一定是位智者！感谢您为孩子们的辛勤付出，也庆幸小鼎能有缘进入您的班级。所有的老师们，你们辛苦啦！

第二学月

2016 年 10 月 9 日

重申规矩

【妙如随记】>>>

不管学校教育有多么规矩，习惯养成有多么规范，一旦把学生放到一个自由环境里，前面几天能看得出他受过怎样的教育，但随着时间的推移，好习惯就会减弱。学生再回到学校来，要恢复到先前的样子，需要花去比之前更多的精力心力。

今天，重申了规矩，重申了任务，最后，重申了国际部学风。特别强调了学术诚信。

向学生推荐了富豪们的父亲：马云父亲，低调的曲艺界元老；马化腾父亲，开奔驰给儿子做账；王健林父亲，是红军；李彦宏父亲，教儿子别当锅炉工；柳传志父亲，教会柳传志坚韧；任志强父亲，为任志强提供机遇。

【学生日记】>>>

值日班长：希雨

几天不见，我们相互讲述着这个假期是怎样度过的，所遇到的趣事儿。晚自习，陶老师又重新说了规矩，校服要穿全；出操要快、静、齐；早自习 7 点到，下午上课 14:10 到齐，晚自习 18:20 到齐。

※敬崇

今天的学习很紧张，早上还落枕了，很不舒服。陶老师给我们重申了一遍规矩。陶老师肯定不会平白无故再浪费时间来跟我们来讲纪律，肯定是有人跨了一点界，为了不让这类事再发生所以才重申一遍。

晚自习我做数学作业的时候就很懵了，感觉什么都不会，我只好到处请教。我崇拜他们的聪明与智慧，我希望有一天我也能拥有。不会数学题，我自己更是急，两节晚自习一下就过去了，我却基本没做什么事，我都不敢再多想，马上开始抢“资源”。我还是很坚强，不会被一些基础的困难所打败，我还会努力。

※小现

一个国庆假期回到学校，我感觉所有一切又不习惯起来，需要重新适应。今天最有感触的一件事是做数学作业，今天的数学作业题量虽然不多，但是每一道题都很绕，一些题我都请教了我们的数学老师。做完后，我发现我的效率比大多数人都高。我总结了一下原因，有如下几点：1. 作业一发下来就不拖沓，马上开始动笔，没有畏难的情绪，心想着能做一点是一点；2. 实在不会做的及时请教老师或者同学，把它立马弄懂，没有堆积下来；3. 写的时候一心一意，不被周围的人或物吸引，尤其在做一个难题有思路时好好地思考了，发散了一下思维。

※柏安

学风方面，陶妈强调了学术诚信。在学习上只有诚信才能取得更好的成绩，不然的话只能是自己骗自己，到头来一败涂地。

※伊人

刚刚看了陶妈写的文章，发现每一个成功的人都是受过良好的教育的，都有一个伟大的父亲或母亲。所以父母对孩子的成长是很重要的，他们的言行举止无时无刻不在影响着他们的下一代，孩子是否有出息很大部分与父母的教育理念有关。

妙如语录：任何奇迹都需要时间才能发生。

伊人心得：或许你的不经意会错过很多，要珍惜时间，不要让机会流失。

※久盛

我的心路历程向来是很丰富的，比如说今天在做数学作业的时候，第 9 道题我做得顺风顺水，但到了第 10 题我就觉得十分有难度，我绞尽脑汁也没有把这道题做出来。我迫不得已只好向小现求助，在他的帮助下我很快就弄懂了这道题。但是因为我不能独立地把这道题做出来，所以我就觉得我自己可能是上课不认真了，或者看题目不细心。这导致我在做后面两题的时候精神几乎一蹶不振，一直想快点做完。当我又遇到一道难题的时候，我有点想放弃，但我还是坚持一个人独立做了下去。功夫不负有心人，我终于把这道题做了出来，心中顿时充满了对自己的肯定以及乐观积极的情绪。我也是比较按时地完成了作业。虽然没有记单词，但我还是有信心明天把这些任务全部完成。

说了这么多，我就是想表达一个观点：人要积极乐观起来，任何时候都不能放弃！

【家长留言】>>>

※文鼎爸爸

鼎哥懂事了。确实如此，规矩必须遵守，绝对的自律才能有真正的自由。你能主动加课学习，我很高兴，但更要掌握学习方法，提高学习效率。平时要注意锻炼身体，身体好了才能更好地学习。总之，爸爸很高兴，我挺你！

2016 年 10 月 11 日

我为什么鼓励同学之间互相讲课

【妙如随记】>>>

不抓方向盘是学不会开车的，不跳进水里是学不会游泳的。体验式学习、互促式学习是我几十年坚持做的。

一个人走，走得快，但不一定走得远；很多人一道走，走得慢一些，但可能走得更远。怎样能够很多人一道走，既能走得远，又都走得快，而且比一个人走得更快呢?

若以提高学习能力为例，有一个方法，我已经试过多年，从来就没有不灵验的。这个方法就是同学之间互相上课。当然，之前有较长的引领和示范。

要想讲得让别人听懂，你自己必须反复考量，不但要有知识储备，还要通熟知识点、语法等，更要有表达语言的准备、方法上的构想，怎么样讲，别人才能很快弄懂。当然，你还可以提前要求他预习，把不懂的标出来。预习的过程，也是提高的过程。

这样一来，当你帮助别人弄懂的时候，也是快速提升你自己的时候。

你自己一个人学习，只是知识层面上的，你给别人讲的时候，是将知识转化成了能力。不论哪一种考试，大多是考能力层面，所以，帮助别人，就是提高自己。而给别人讲时，还得讲究组织策略、管理意识、传递艺术。一旦你能深入浅出，融会贯通，资源整合等，教别人就是自身提高最快捷的方式。

我们有那么多对师徒，文钦他们进步大，这与他们的师傅伊人是有关系的。伊人自己也进步挺快的。

可爱的同学们，开讲吧，那是提高自己的最好方式，也是群体提高的最轻松的方式，更是走得更远、更快的方式。

【学生日记】>>>

※伊人

今天英语老师分了学习小组，我是不愿意的，我没有太大的信心。和陶妈聊了一下，她说："老师安排什么任务给你，你先去做，你这么有创意又扎实的人，一定能让自己与众不同的。"我想想也是，也没什么情绪了。希望我们能够共同进步，只要认真学，没有什么做不到的，不会有蠢人，只会有懒人。

伊人心得：Never put off what you can do today until tomorrow. 今日事今日毕。

※伊健

今天，平平淡淡，什么也没有发生。有时我会想，一年，我到底是过了365天，还是过了365个一天。有人说，生活是意料之中的意料之外。也有人说，生活平淡如水，没有那么多的意外，没有小说一般的情节，这才是真的生活。我不知道哪个才是对的，但是我知道，这些平淡的点点滴滴的确是构成生活的基本元素，而那些意外，则是记忆中最璀璨的钻石。

※敬崇

又是平常的一天，今天的身体状况不佳，一直咳嗽，脑袋也有些晕。虽说有各种的不适，但我还是把该做的都做了，还复习了一点点英语，感觉基本做到了。

我帮助了一些人，他们也都进步了，我也在那些学霸的带领下进步了，我感觉这样很好。

2016 年 10 月 12 日

连题目都会出，还怕不会考试吗

【妙如随记】>>>

应明之老师之邀，为同升湖高三 1401 宏志班的孩子们做了一个交流。

感谢明之给我提供机会，感谢 1401 班孩子真心的大型横标！

聊了几个点，从几个词入手，谈了自己对考试的看法，特别是语文，以及语文对自己整体水平提高的作用。

第一个词：容易。

高考很容易，讲了三个点。

出题者角度（考试方）：题很容易做，也容易错，知识掌握要精准。只有一个目的，就想让你做出来。

我们所处的位置（学生方）：现在的水平，优势明显。

备考的引导（教师方）：你们老师的水平是儒家功底，道家修为，佛家境界。

第二个词：关注。

讲了三个点。

关注新闻，语文不考政治，但一定与现实生活相关。

关注课堂，句句经典，处处考点。做好笔记：有思想的笔记，有观点的笔记，有条理的笔记，有内容的笔记。

关注文本（自己学习的过程）：资源的利用，文本的利用，学会出题。连题目怎么出都知道，还怕不会考试吗？

会阅读文本。

会根据文本出题。

会解读设题意图、考查目的。

掌握分组的策略。

辩证看待一切：以 2015、2016 年的高考作文题为例。

第三个词：标准。

师生关系的标准：学生主动找老师，不是老师找学生。

考试分数的标准：120 分的概念。

谈恋爱的标准：男女生不同。

语文就是生活，生活就是考试。

会读文本，会读老师，会读生活，就会读考卷。

把国际部 55 班孩子早晨写在黑板上的一句格言送给 1401 班的孩子：Nothing is impossible to a willing heart。（心之所愿，无事不成！）

衷心祝愿 1401 班孩子们心想事成！

【学生日记】>>>

※彭婷

我想向陶妈提出请求，我想变得独立，不想心里总是有着对别人的依赖感，这种依赖感对我来说就是致命的慢性毒药，希望陶妈可以拉我一把。

※小现

早上的物理强调“瞬时加速度”这个单词，晚上的微积分那本书里也提到“瞬时加速度”这个词。这件事正好说明学科与学科之间都是有联系的，学好一门学科对另一门学科的学习很有帮助，尤其现在的英语最值得重视，因为英语是其他三门学科最需要的学科。所以说学习中，每门课都不要落下，应该把每门学科当天学的知识当天弄懂。

※敬崇

今天只完成了平时量的一半，我正在想办法解决。下午的课非常有趣，我对商业比赛也有兴趣。老师讲了很多关于怎样经营项目、怎样发展的内容，还有一些关于商业比赛的事情，我反正很喜欢上这种课。

晚自习后依旧还是留下来搞一下学习，说实话压力大，但是我会调整。

好的成绩必定要有付出，没有付出就不可能有回报。努力努力总会有进步的。

【教师日记】>>>

※飘

语文就是生活，生活就是考试。

会读文本，会读老师，会读生活，就会读考卷。语文试卷很容易做，也容易错，所以知识要掌握精准，关注生活。高考复习有师生关系的标准，而我们都是老师在找学生，学生找老师的太少，看来这个问题我需要与学生讨论。

2016 年 10 月 13 日

承认异端，便获自由

【妙如随记】>>>

胡适与陈独秀谈论关于“争自由”的问题时说过这样一段话：

“异乎我者未必即非，而同乎我者未必即是；今日众人之所是未必即是，而众人之所非未必真非。”争自由的唯一理由，换句话说，就是期望大家容忍异己的意见和信仰。凡不承认异己者的自由的人，就不配争自由，不配谈自由。

胡适的话与法国启蒙主义思想家伏尔泰说的“我不同意你的观点，但我誓死捍卫你说话的权利”，与孔子的“君子和而不同”、“攻乎异端，斯害也已”，可谓表达不一，但意思相同。

伏尔泰受过孔子影响，胡适受过伏尔泰的影响，更受过孔子的影响。

在这些传承中，我们不难发现，难易、对错，亲疏、远近，高低、长短，雅俗、贵贱都是相对的。承认彼此，承认事物的另一端，你便会获得自由。专在事物的另一端用力，就会失去平衡。

每一个人来到这个世界上，都有他的价值，其意义何在，取决于我们每一个人自己。

附伏尔泰《风俗论》中的几段话：

我读孔子的许多书籍并做笔记，我觉着他所说的只是极纯粹的道德，既不谈奇迹，也不涉及玄虚。

他谦虚地探索，让人不要迷失于世界，让精神被理性之光照亮，他只用智者的身份说话，而不是站在先知的角度，然而我们相信他，在他自己的国家也是这样的。

胡适殁后，蒋中正以“新文化中旧道德的楷模，旧伦理中新思想的师表”挽之。

The more books you read, the more knowledge you get. 阅读是最好的老师。

【学生日记】>>>

※余果

“求同存异”是周恩来探索出来的中国外交政策，也是我现在对待每个人的基本准则。大到国家，小到班级，都要无限放大他们的“长”，将他们的“短”缩到最小。没有人是完美的，因此每个人都要直视自己和他人的缺点，寻找每个人的长处。我认为，每个人出生在这个世上都有他存在的意义，因此我将学习包容所有人的不足，挖掘他人的优点。

※袁卓

其实我大概了解了文章意思，即使别人说的是错误的或者是没有什么意义的，但是我始终作为一个听者听完别人的话语，以尊重别人的权利为中心。学习别人话语中的精华，即使再没有用，自己也还是可以学到一些东西，我认为这是非常重要的。

※鑫盛

这几天我的心情真的是很差，不是别人的原因，而是感觉自己最近的努力没有收获。这几天我一直在努力记单词，下课我也不时拿出单词本来记，晚上我也记到很晚。有时看见旁边的同学上课随便记记单词，下课就玩，却马上就秒杀掉了那些单词。而我呢，还在埋头苦恼地记着。终于到了今天的化学补考，我压抑不住心中的怒火，看着试卷上那一个个陌生的单词，我选择避开。我跟老师顶嘴说：“反正过不了关，不考了，罚抄抄了也记不住，我才懒得抄，我就记单词。我就不信单词都记住了定义还记不住!”老师要我坐过去，跟我说：“我知道抄了没用，以你的基础你可以每天到我这过关记一个定义或一个问题。化学跟数学不一样，光记单词没用。在背句子的同时，那些单词和语法经过不断的巩固，不经意之间自己就会用了。”就这样我再次被化学老师说服了。以后的学习不要太倔强，要跟着老师走，要知道老师始终是为我们着想的。

回到教室，陶老师问我：“现在学习觉得怎么样?”我难以启齿地说：“还是觉得记单词记不住。”陶老师马上把小现叫过来教我怎么记单词。小现呢，非常有条理地跟我讲解了要怎么记单词。我真的发现有朋友在一起就是好，小现的方法我觉得很有用。陶老师跟我说：“不要害羞，脸皮厚点!”今天我真的知道了“好的方法是成功的一半”!

2016 年 10 月 14—16 日

参加“中国阳明心学高峰论坛”

【妙如随记】>>>

应邀参加全国阳明心学高端研讨会。

14 日被国务院参事室林先生因《易经》而约见！

你努力，处处遇贵人。

上天帮助的，都是那些自己百倍努力的人。

15 日，参加了首届“中国阳明心学高峰论坛”开幕式，聆听了许嘉璐先生、乐黛云先生、杜维民先生等大家的主题演讲。

都是围绕阳明心学而论。

想要研究一门学说的意义，两个条件：考察写作背景，联系今日及其未来的需要。

我们从阳明及其心学中汲取什么精华？对其思想的核心，似乎各界有着明显的共识，那就是“致良知”和“知行合一”。

16 日，在首都北京，“中国阳明心学高峰论坛”隆重开坛。见到国内外许多心学研究大家。

韩国、日本对心学的研究比较热门，但感觉并没有真正领会王阳明心学的核心，而是在心学附近建筑一些带有自己理解的文化群。我个人认为原因是，王阳明思想是研究《易经》，颇受易理哲思影响后形成的，后人研读他，若没有读《易经》，就很难真正读懂他。王阳明心学研究者，若读一读《易经》会更容易懂王阳明，懂心的力量。

人的智慧不仅仅是知识带来的，更多的是经历。学得再多，没有经历过，也很难真正地明白。年龄和知识都很难增加智慧，唯有经历可以。智慧源于经历：读书+读人+读路+读事。

在学校时，阅读学生日记后，感觉有需要的会当面交流。外出了，阅读学生日记后，偶有网上评点。

【学生日记】>>>

※茗轩

连夜不见星星，难免有些寂寞。开始拉拢越来越多的人，自己却像一个无事者一样成天游手好闲，实际上却是脑子动得身子动不了。没点音乐素养确实不行，我记谱子又记不住，那么就多听几首歌吧，没事就哼哼，也挺不错的。

生活的圈子越来越狭隘了，因为时间差的原因，和很多人岔开了。不过，若得余果一人，则如得百人矣。不过这几天都是他帮我，作为管理层，事还是蛮多的！看看我，就是再乱也轮不着我出手，给管理层提点建议也都是随口之言，随心所诉，只要做好自己便好，能治亦与我无关。什么时候英语好了，自有我的棋盘吧，这盘棋，当个小兵即可。

连诗都没做过，哈哈！

妙如回复

哼一哼，唱一唱，感觉来了，自然就熟了。

静一静，想一想，事情明了，道理就通了。

※敬崇

今天非常的不爽也不太想上课，但还是要上课，没有办法。我希望以后至少能够做到不上课就感觉不爽，这是我要经历的。

说到贵人我身边就有很多，陶妈就是我身边的贵人，同学中还有很多，余果、久盛、思航等，因为很多，我也不都说出来了。

希望我能一天比一天有进步。

※嘉骏

这几天陶妈不在家，甚是想念。学习上少了一位智者的引导，其实是会走很多弯路的。

妙如回复

走弯路，会增加许多意想不到的收获。

※余果

今天很有很有感触，因为我下午绕着操场跑圈，只跑半圈，就已经气喘吁吁了，看着身旁的高中同学飞快地跑过，我真的感觉自己弱了好多。无论是吉他、舞蹈，还是学习，都已经弱了很多。

我现在能做的就是每天不停地努力学习，变得更加强大。

※敬崇

最近的英语听写都还可以，上星期抽空写了篮球比赛的计划，写得不错。马上要举办体育节了，今天下午练习了跳高。下午排练体育节的方阵，原本同学们都走得心不在焉，后来受到吃饭的诱惑终于走得很好了。

最近感觉数理化相比之前的简单一些，所以轻松一些，这是好的开始。记单词我用的时间也少了很多，希望以后更好。

我发现了我的主要问题，就是睡眠不够，上课老是打盹，我会尽量克服的。

妙如回复

晚上早点入睡，中午适量午休，第七节后做点运动，减点重量，效果会好很多。试一试，就知道了。

※小川

今天下午，国际部进行了体育节彩排。这是一个彰显我们国际部精神面貌的时刻，我们必须好好对待。我自己对这次彩排的效果不太满意，希望明天正式彩排可以展示出更好的风貌。

妙如回复

正式彩排，呵呵，很有意思的一个词。

※余果

“0.99的平方小于1，1的平方才会等于1。”这是曾经贴在我初中教室里的标语。我的理解是一件事做得不完美或不好，一直拖延，那么就永远不会完成。

今天下午体育节的彩排也是一样的。当然，我理解，刚上完体育课，大家都累了，所以大家彩排时纪律散漫，甚至到了最后，有人想要偷偷逃开，但还是被老师拦下来了。

就我的看法来说，如果我们都认真做，效果绝对不一样，时间绝不要那么久。这是责任，这是义务，即使我们不想做了，也要硬着头皮上。

妙如回复

很好，见心见性，朗朗正声，不愧是同学们的榜样，班级的主人。

2016 年 10 月 17 日

一种特别温暖的感觉

【妙如随记】>>>

今天上午我和培莹姐姐去拜见了乐老先生，我们向老人家汇报了近段时间的情况后，就聆听先生教诲。

她老人家翻着我送的《中华最美诗文选》一本一本地问，为什么编，怎么编的，遇到哪些困难，等等，关怀备至。

先生送了我几本签名的新书。

还送了一本给我的父亲。先生说有同样遭遇的人更有同感。

我们有幸被先生收作弟子，行了拜师礼。

我将追随大家，不停学习——

我们一道照了几张相，中午陪先生午餐。

【学生日记】>>>

※久盛

反复阅读了陶妈的日记，心中十分震惊。

一是因为，连陶妈那么渊博的人（说是学富五车、满腹经纶毫不为过）都要学习，还要继续攻读。感觉真的是学无止境。

第二是因为，我搜索了下乐黛云先生，非常厉害，她是北京大学的博士生导师，是一名国学大师，是中西比较文学的泰斗级人物。

我们都应树立终身学习的观念，因为，学习是没有尽头的。

※余果

今天一天遇到了两件“有趣”的事：1. 遇到了同学与老师争吵；2. 很多同学在彩排时，耐不住性子想要先走。

“穷养也好，富养也罢，但教养最不可缺。”“如果说外貌是人的第一张名片，那么教养是一生的盔甲。”我想，来国际部上学的同学家里条件都还好，拥有良好的家庭环境，能力再强也好，能力再弱也罢，无论长相丑美，我都坚信陶老师推荐的这两句话。

※茗轩

我和久盛隔着老远便看到了“趣事”，我冒昧地跟张老师说了一下，要是军训了的话会更好些吧，下一次或许会更好吧！不过张老师一语就让我开悟：“没军训那是借口！哪还有下一次！”就好比外国校长来考察，你没有表现得体，没让自己最好的一面展现出来，就错过了机会，还有下一次吗？

——2016 年 10 月 19 日

怎样组建团队——《易经》与领导力

【妙如随记】>>>

《易经》师卦给我们介绍了领导力中的选人与用人能力。

六条原则

第一，师出有名。

第二，选帅合适。没有这个才能，你就不能让他做这个指挥官。

第三，绝对服从。没有绝对服从就不可能步调一致。

第四，任务需要分解，指挥不能分权。譬如，企业推行责权分担制，一个公司总经理，将某个区域分配给下面的经理，同时也授予他权力，希望可以实现“运筹帷幄，决胜千里”的管理效果。但是这名经理的能力能不能达到独当一面的程度？这是值得考虑的。指挥权需要谨慎分割，因为分权很容易导致指挥混乱，不管是军队还是商场，情况都是一样。

第五，赏罚要公正。赏罚要公正就是对于做得好的人，你一定要称赞奖励他，对于做得不好的人，就要有相应的处罚措施。

第六，讲究阵型。在兵法中，讲究阵型指军队的下属单元在战场上怎样放置和运动，怎样配合攻击和撤退。而从管理学的角度来看，讲究阵型就是优化团队的人员结构。

三方考虑

在团队中，有通才，但更多的还是各有所长。这个人适合做这样的事情，那个人适合做那样的事情，什么人都要有。看看我们自己的双手，十个指头的长短各不相同，大拇指、食指、中指、无名指、小指各有作用。“没有完美的个人，但是却可以组合出完美的团队”，这句话是有深刻道理的。

以《西游记》如来佛选取经人为例。

为首者的选择：要考虑背景。他的背景很大程度上反映了他的见识与格局，情怀与担当。要考虑他的才学。要考察他的德行。

团队成员的选择，因需而选。第一，安全保障；第二，团结一致；第三，生活保障。

唐僧师徒四人还加上小白马之所以能够经过九九八十一难，成功取得西经，一定程度上是因为选人策略的成功。他们在团队中的地位也是很有讲究的，即师父不在，就由孙悟空决定事情。孙悟空是从底层崛起的精怪，出身背景和猪八戒这种有“文凭”、有履历的官方人物不同，而他的能力又是最强的，如果他的排位在猪八戒后面的话，很多正确的想法就不会得到其他师兄弟的支持，因为他没有身份。所以，组建一个团队时，先后的次序很重要。筹备在即，作为公司决策者，你第一个要邀请的人是谁呢？这个人需要具备两个条件：第一为忠诚度，无论公司业务将来低迷到什么程度，他都能够为公司着想；第二为能力，他要能够让排在后面的人心服口服。其次要邀请的人，他必须善于协调团队内部关系，但同时他的业务能力也必须良好。比如猪八戒，他虽然油嘴滑舌，善于笼络关系，但是他的九齿钉耙至少敌得过沙和尚的月牙铲。同时，这个人也可以有些缺点，比如猪八戒就好色，在这一点上，他就被孙悟空制衡住了。所以，唐僧师徒四人的相互搭配，可以在团队组合方面给我们很多启发。

四点同步

从师卦的选兵择将可以得出打造团队的经验，但这仅仅是团队管理的第一步。怎样处理团队内部成员之间的关系，就需要着重考虑第二步。比如有的朋友，作为一个处于中层的负责人，上面有领导，下面有下属，中间还有同事，在处理关系的时候有很多方面需要顾及。那么，怎样来操作是比较合适的呢？

第一，定位要准。在领导面前，你需要清楚自己的身份，用下属来定位自己。如果你的定位不准确，总是越权，那么你基本上不会受到领导的青睐。

第二，知道自己的作用，并且充分发挥出来。你没本事，他要你干什么？就算能够加入团队，你最多只是看大门而已。但他团队中看大门的不要那么多，有一两个就够了，扫地的也不要很多。所以领导者需要的还是能够跟他一起创业的，跟他做难事的人。

第三，能够成为领导者的智囊。在很多事务的决策阶段，你要能够提出具有关键作用的建议，而且是通过恰当的稳妥的方式。在开会的时候最好不要提跟领导者意见相反的建议，私下里跟他沟通的时候，再把自己的看法跟他交流一下，这时他可能就会有一些取舍。

第四，要懂得追随。在这个社会上，能成为领导者的人终究是少数，如果你成不了领导者，你就追随他把你该做的事情做好。这是很关键的。现在的就业都存在一个双向选择的过程，团队可以选择你，你也可以选择团队。但是在选择之后，你需要忠诚追随这个团队的领导者。

掌握了这四条，你在一个团队中就很容易出成果。

【学生日记】>>>

※余果

下午的《易经》与领导力的课程一讲完，我就在吃饭的时候发现了一个“宝藏”——伊建同学。

《易经》与领导力讲了如何用慧眼识“真人”，刚学会怎样寻找人才，就找到了一个目标。我发现伊建同学的积累量在我班上的同学中是首屈一指的，他喜爱文言文，经常看古文书，知识量储备很大。而且，他很谦虚，很有耐心。我向他询问如何学习古文的，如何爱上古文的，我问了一大串，他都会耐心地与我分享经验，我十分感谢他。

※伊健

下午上了商业与领导力的课。陶老师为我们讲解了如何管理一个团队，陶老师的讲解完全不似其他的领导力课程，更像是学术研究，研讨《易经》的种种。老师为我们提出了一个很重要的“扶下”的概念。课中写了些，现抄录如下：

龙，餐辛饮茹，飞升九霄。隐约九天，处众之上。下叹服其高远，望而不及。然，飞龙久浮于云，而复求飞升，终失形于众。或下泽群生，赐民以祥。殊不知，下复为上矣。上之为上，下之为下，非上无下，孰知上下？无为上下，循道尊术而已。

所谓领导者，便是要协调团队，并协调团队向上。

※敬崇

陶老师给我们上领导力的课，结合了中英文，还有我很难理解的《易经》知识。今天讲了很多，师卦，容民蓄众，信任将领，赏罚分明。

其实我是喜欢在别人面前和老师面前讲别人的优点的，但是有些人会讲缺点，我很不喜欢。我思考了很久之后认识到，别人讲你的缺点，肯定是你自己先有这个缺点，如果一个人只说你的优点不提你的缺点，那也是对你无益的，所以我知道了我之前的想法是错的。

※久盛

一滴水可以折射出人的光辉，大多数时候，可以通过一件小事看出一个人的性格。

在今天晚自习的时候，我负责把老师的银行卡号写在黑板上。写完后，也许是为了轻松，也许是为了耍酷好玩，也许更是因为单纯的无聊，我并没有规规矩矩地把粉笔放到盒子里，而是投向了盒子，并且还投出去了。

陶老师看到后及时提醒了我，我当时并未觉得如何，现在却很羞愧自责。这是一种不够成熟的表现，却在自诩成熟的我身上出现了。身为班干部，不能稳重可靠，反而轻浮耍酷，这真的好吗？心中现在十分羞愧。这就是我不如余果的地方了。他很可靠，做事都按规矩来，从不违背规矩，是一个好的榜样。我很敬佩他，也要学习他如此稳重的大将之风。

认真监督自己的一言一行，做一个能为自己行为负责的人。

2016 年 10 月 20 日

有序才会忙而不乱

【妙如随记】>>>

这几天，因为很多的事情，老师学生都觉得事情太多了，忙不赢，而且都笑着说，只有陶老师，悠闲自在。其实，我也有很多事，今天就差不多十四个小时都在用大脑，也在用电脑。

悠闲自在，说难也不难。

目标明确点，做事有序点，就简单了。

整体安排，时间排序。把多件事情摆在一块，按照要求完成的时间排序。

同类整合，差异调整。这些事情有没有交叉点，有交叉的就整合，整合后，再依据差异做修改与调整。

不急不躁，急中生智。事情多，只要心静，思路就会很清晰，脑子里灵光就会突现，事情解决水平往往能超出平常，幸福感也就自然来临。

事情多，就是多一些寻求幸福的机会！特别注意别盲目地将时间填得满满的，那不是充实，更不会惬意。

2016年10月22、23日

山那边的山，脚没到，用心也看得到

【妙如随记】>>>

很多时候，对很多事情、很多人都看不太明白，于是就有误会，就有怀疑，就有成见，这对于每一个成长中的人来说，是不足为怪的。成长是有速度的，一般都是常速，能超常是极少数。

看不懂他人这么做的目的，是还没有达到他人思考的层次。只要自己想抵达，就学习，就用心去学习，用心去看，去比较，去悟。久而久之，你就会豁然开朗。

还记得一个小故事吗？小时候，觉得爸爸无所不能；青年时，觉得爸爸怎么这么out；到中年后，觉得爸爸还是爸爸，姜还是老的辣。

孩子，山还是山，水还是水，山那边的山，脚没到，用心也看得到。

周末，“国培”送培的时间。我在外，孩子们在校。

【学生日记】>>>

※小现

今天晚上，胡老师告诉我们55班将在下周六举行辩论赛，具体的辩论题还没有确定。当我们一层的班长余果同学询问我是否有参加的意向时，其实一开始我内心是拒绝的，但是我想了想，我以前从来没有参加过这种辩论赛，现在可以尝试一下，也许可以体会到其中的乐趣，就像运动会重在参与一样。

※茗轩

有些东西还是不能期盼太多啊……对于我这种人，只会越来越揪心，但是要放下简直不可能。相信自己可以解决，再大的问题，都不在话下吧！

现实，是眼睛所看到的东西。不过对于我来说，却是心所看到的东西，类似于信仰一样的东西。相信自己有前世，前前前世那传奇的故事，相信力量，相信自己，相信……那些我看不到却拥有的东西，那些我看不到却保留的东西，那些我看不到却珍爱守护的东西，我的心能看到。

※何茜

这几个星期，陶妈都没有在家，很多同学有些放松。昨天星期六，我回家了，当我妈问我什么时候回学校时，我说四点半吧。等到我吃饭的时候，我妈问我，今天晚上可以不回去吗？我说可能会有同学今天晚上迟到，但我不能，我必须要及时赶回去。我是班干部，我必须要承担自己所需要承担的责任，我也必须要有责任感。我必须对得起陶妈对我的信任。

【家长留言】>>>

※家长斯琴

伊人，对学习应该采取一种发自内心的爱学习的状态，而不能三分钟热度。读书是自己的事，没有任何人可以帮到你。读书不能读死书，应该学以致用，活学活用。不要忘了我们的约定，我们各自为自己的理想奋斗，为实现目标而努力！自己说过的话就一定要去实现它，不是说在嘴上而是体现在行动上。我永远相信自己的女儿可以达到成功的彼岸，能够为自己定下的目标而努力。

※家长晓明

轩，但凡看到你的只言片语，爸妈都很高兴。你新年出国的事，我们都支持，希望你能认识新朋友，开阔视野，增长见识，学到新本领。出过远门的人，懂得沉淀，平和，感恩；也正是这些人，综合素质高，竞争力强，成就斐然。加油！

2016 年 10 月 24—27 日

体育节，感动于孩子们

【妙如随记】>>>

今年的体育节，很有特色。21 号 8：00 做了开幕式，然后下雨，星期六、星期天照常上课。

今天，24 日，上午开了半天，又下雨。

尽管现在还只开了半天，却被孩子们的表现所感动。

赛区风景：

每一名参赛选手的旁边有一名固定的陪伴者（保护者），还有拍照的，为他留下成长的足迹。

小现跳远。他说他长这么大还没有跳过远，每次练习跳远，连倒数第二都没有拿过，总是倒数第一。但他还是去跳了……

有人会说，那么多人，不会找一个跳过的呀！然而，我们班很多都是没跳过的……

小现、小川他们两个跳完后，和保护他们的鑫威、斌崽、文鼎一道又到了女生跳远区。静宜和婷儿是陪伴者、拍照人。

我录下了伊人跳远的视频，也录下了小川跳远的视频，给他们看。然后，只见小川拉着伊人，两人一道在跑道旁测步子，用多少步可以恰好不踩线，又能腾跳起来……

希雨、曼奇、潇航、旺林四名同学，100 米竞赛，竭尽全力……

我一向认为，身体结实有先天也有后天，体育是一门技能，也有先天与后天。只要人人都用心去投入，全心去参与，就是最好的……

服务区风景：

文钦、天祺等一批同学主动搬桌椅，做服务。文钦自己为每一名运动员购买了能量水，还安排了供水的人。

赛事快结束之时，下起了大雨。伊健等提早做了搬运，下大雨时，班上阵地已经基本干净，只留了文钦、刘澧、柏安等六名同学在守阵地，我从赛区到达阵地，他们正在清理场地。这时，何茜、嘉骏等四名同学每人又拿来了几把伞，给后面的同学特意送来，嘉骏走到我旁边说："我特意给您去拿伞，跑到对面赛区去了……"

伊健对我说，椅子、桌子放在外面弄了很多泥巴，需要清洗一下才能放进教室，但他当时考虑不周，已经搬进了教室了，所以，他会带着今天做卫生的留下来将那些桌椅清洗一下。不仅是桌椅，还有我们的鞋也是一样……

我们的区域干净了，但紧挨着的区域还有一点瓜子壳，嘉骏同学用餐巾纸将它们一片一片捡起来带走了。

当时，德育办老师说："你们班搞得真好。"

宣传区风景：

久盛、伊健负责审稿，每个同学都是宣传员。余果有项目，他和久盛早就分工了，有项目跑项目，没有项目就写宣传稿。

久盛说，我们班投稿质量很不错。

远不止这些孩子，这里不一一列举，还有明天，还有后天，还有……

日子还长着呢……

感谢孩子们！

加油！

为学习，生活，一切——

体育节结束后，我喉咙嘶哑了。先前的学生打电话给我，我声音嘶哑得几乎不能出声。

学生问："老师搞运动会了？"

我说："是。"

"听到您这样的声音，就知道搞运动会了。您依然那么可爱。您知道，我们跑步的时候看到您的身影，听到您的加油声，真的力量倍增。只是您喉咙几天都不能出声。"

很感动，学生记得……

【学生日记】>>>

※伊静

今天在上晚自习的路上，我看到樱花树光了的枝头上，唯有一片枯叶顽强地挂在那里。我觉得它很愚蠢，却又不得不敬佩。有些人天天叫着"早死早超生"，而有那么一些人则是坚守着活出了意义。

※久盛

我们曾经历过绝望吗？

乌云密布，风雨交加，象征着我脑中飘摇的思绪，我在日记中顿笔，竟不知从何处写起。今天与人闲聊，无意间听到班级两极化很严重，与其合班，不如分班更好。

我发现说话的人颇有勇气，也颇有深意。这不是解决目前这个局面的最好方法，但必将成为以后的最佳方法。

有些人有这种想法，但我不能有。

临表涕零，不知所言，勿记于心。

妙如回复

成绩的两极化是一开始就存在的，如此安排就是希望同伴之间相互产生影响。况且我们学科教学是分层的，这不影响优秀的学生更优秀，也不影响基础较弱的学生进步。成绩优秀的学生若有怕基础较弱的同学会影响自己的想法，换种角度看，你的优秀会影响基础较弱的同学，这不更好吗？一个国家领导人若认为贫困地区太穷了，干脆不要了，你觉得如何？

大视野，才会有大格局；大情怀，才会有大担当！

※敬崇

今天体育节，我们班的运动员们都在赛场上拼命地比赛，跑步的，跳高的，都尽了自己最大的努力，想为班级争光。

我很仔细地观察了他们，一些长跑的同学，脸上就写着一个累字，好像随时都能倒下，但是他们为了55班依然坚持继续奔跑，想为班级争光。一些短跑的同学也是拼了命在狂奔，心里就想着再快一些，坚持这一下就好了。跳高的同学虽然有些紧张，但依然是用尽自己的每一丝力气，奋力往上跳。还不能忘了那些保护运动员的同学，他们不求回报，为那些跑累了跳累了的同学送毛巾，送水，并搀扶着筋疲力尽的长跑的同学，比赛时他们也要一边陪跑一边喊加油，给运动员们鼓励。班上每个同学都尽职尽责，团结协作，互帮互助，写了很多的加油稿，这又何尝不是为班级争光，给陶老师争光呢?

55班是一个团结的集体，这种精神会一直延续。

※懿轩

今天，是运动会第二天。

天祺在跑的过程中，由于体力不支，慢慢到了最后一名，我和费费、子豪等一帮哥们儿陪着天祺一起跑完了最后一圈。保护运动员的同学不断给运动员递水递毛巾，在跑道四周不间断地观察着运动员，怕出了什么意外。在终点有接应人员接应，以防运动员摔倒。就是这些人员无私的奉献，给班级的运动员们提供了有力的支持!

※小现

其中一场跳高比赛已经是进入白热化的阶段，只剩一名高个子与一名矮个子的同学，杆子高度是软垫高度的两倍。矮个子的同学发挥他灵活的优势，直接一个向前扑的姿势过杆成功，随后全场爆发出热烈欢呼。第二个跳高的高个子同学眼见已经使用惯用姿势过杆失败两次，仅剩最后一次机会了，他站在原地思考了一会儿，接着在满场的加油声中使用矮个子同学的姿势过杆，最后失败了……

观赏完这次比赛，我明白了：及时学习他人成功的方法，固然在面临困境的时候是个好选择，但选用之前要想到双方条件的差异性，进一步想到他人的成功方法在自己身上是否行得通。

【家长留言】>>>

※家长晓明

轩，运动会肯定很精彩，你选取的视角瞬间感动到我，生活就是由无数个这样的花絮组成的。平常多写作，少写错别字，如“递毛巾”、“跑道”、“终点”不要写错，尽量避免写错别字这种低级错误，努力！

2016 年 10 月 28 日

德法并治，德法并育

【妙如随记】>>>

《易经》第 21 卦噬嗑卦明确提出：重视法治，依法治国，以法教民，通过管理、引导，使百姓知法守法，使国家有秩序。

法律是道德的底线，道德是人格的高标。道德伴法律同行，则无往而不稳。增强法治元素，是中国德法并治传统文化的传承与创新，是圣人治国时期文化的复兴。

仲弓问于孔子曰："雍闻至刑无所用政，至政无所用刑。至刑无所用政，桀纣之世是也；至政无所用刑，成康之世是也。信乎？"

孔子曰："圣人之治化也，必刑政相参焉。太上以德教民，而以礼齐之。其次以政言导民，以刑禁之。刑，不刑也。化之弗变，导之弗从，伤义以败俗，于是乎用刑矣。制五刑必即天伦，行刑罚则轻无赦。刑，侀也；侀，成也。壹成而不可更，故君子尽心焉。"

——《最美论语》第 18 篇《孔子家语·刑政第三十一》

圣人治理教化民众，必须是刑罚和政令相互配合使用。最好的办法是用道德来教化民众，并用礼来统一思想，其次是用政令。用刑罚来教导民众，用刑罚来禁止他们，目的是为了不用刑罚。对经过教化还不改变，经过教导又不听从，损害义理又败坏风俗的人，只好用刑罚来惩处。专用五刑来治理民众也必须符合天道，执行刑罚对罪行轻的也不能赦免。侀，就是侧；侧，就是已成事实不可改变。一旦定刑就不可改变，所以官员要尽心地审理案件，德法并治，德法并育。

【学生日记】>>>

※伊人

又接近一周的末尾了，我在思考，我这周是否过得有意义。说真的，我觉得在国际部的这段时光我是最快乐的，我不仅在学习上能得到满足，在娱乐上也过得开心。每天我们这一块的人一起学习，一起玩耍，真的是做到了劳逸结合。

我发现我在学习上找到了许多乐趣，比如我们计时写阅读，当完成时会很自豪；我们一起测单词，如果答对了，会感觉很棒；在对答案时，答对了，会觉得自己懂了，很有成就感。当我们有了这种感觉，我们将更努力，这就是所谓的苦中有甜，甜中有苦。

※静宜

第四节课，陶妈讲解国学，我未曾知道，我们的汉字文化是如此的博大精深，蕴藏着无限的趣味。就比如一个“好”字，由女和子组成，有女的人羡慕有子的人，有子的人又羡慕有女的人，所以既有女又有子才是好。正因为中华文化有这样让人欲罢不能的趣味，它才生生不息，成为我们永远的骄傲。

2016 年 10 月 29 、30 日

让别人舒服的程度，决定了你的高度

【妙如随记】>>>

2016 年 10 月 29 日，我在岳麓书院参加“致敬国学”第二届全球华人国学大典。晚上向学生推荐阅读了关于李嘉诚先生宴请的故事。

长江 CEO 班有 30 几个同学，包括马云、郭广昌、牛根生等大家认为国内很了不起的人。有一次，班上组织我们去香港见一次李嘉诚。

迎接：电梯一开，长江顶楼，70 多岁的大哥站着跟大家握手。

抓阄：一见面大哥先发名片，发名片时还递过来一个盘子，盘子里有号，拿名片顺便抓个号，这个号决定你吃饭的时候坐哪桌，照相也根据这个号。

讲话：大哥只讲八个字，叫作“创造自我，追求无我”。

普通话讲完了又用广东话讲一遍，之后发现还有老外，用英文再讲一遍。

什么叫追求无我？你在芸芸众生中，自己越做越强大，自我膨胀，超越别人，这个过程就容易给别人压力。

因为你强大了以后很强势，就像你老站着，别人蹲着，别人就不舒服。所以你要追求无我，让自己化解在芸芸众生中，不要让别人感觉到你给大家带来的压力。

一方面创造自我，一方面让自己回归平淡，让自己舒服也不给大家制造压力。

吃饭：一个小时的吃饭时间，他四个桌子轮流坐，而且几乎都是 15 分钟。

到这时，大家都被大哥周到和细致的安排感动了。

大哥每个桌子转完，吃饭基本也就结束了，结束之后他没先走，逐一跟大家握手，在场的每个人都要握到。墙角站着一服务员，大哥专门跑到那和他握手。这时候我想起看过他的一个演讲，我问他们有没有关于这个的书，他们当时没准备，他交代了下面一下，结果下车的时候那本书就送到我手里了。

整个过程让我们每个人都很舒服。

这就是大哥之所以成为大哥的原因，这就是他的软实力。他具有一种看不到的能力，这个能力是价值观，用他的话说就是追求无我，他让每个人都舒服。

（网络转载有删减）

李嘉诚先生因为做人周到真诚，很多人到了香港都愿意和他做生意。

所以，你让别人舒服的程度，决定了你的高度。

【学生日记】>>>

※余果

手机管理已经做得很好了，大家都能主动交给我了，这是因为同学们的自觉和制度的完善。

我来介绍一下我管理的方法。

1. 相信同学，将手机交给他们，让他们查单词，学习英语。虽然有时候有玩游戏、听歌的情况，但我认为并没有多大的影响，只要在正确的时间和地点，适当的放松是没问题的。

2. 如果违反了上面的规定，沉迷游戏也是不行的。如果违反，禁止他们用手机，直到打日记时才发给他们。

3. 如果有紧急事情，我就要快速地拿出手机，解决他们的危机。

我认为手机并不只是用来记单词的，它还有很多用途，相信不久以后我将有能力使同学们在保证成绩的情况下，充分享受手机的乐趣。

2016 年 10 月 31 日

“己所不欲，勿施于人”与现代修养

【妙如随记】>>>

子贡问曰：“有一言而可以终身行之者乎？”

子曰：“其‘恕’乎！己所不欲，勿施于人。”

——《论语·卫灵公第十五》

对于这句话，大致有下面一些解释：

自己不喜欢的，也不给别人。

自己做不到的，不要求别人做到。

自己不想要的，也不施加给别人。

想一想，整理归纳一下，觉得这句话里至少含有三层意思：

第一层：自己不做的，也不要求别人做。

第二层：自己做不到的，也不要求别人做到。

第三层：自己做得到的，不强迫别人也做到。

还有一点：自己喜欢的别人未必喜欢，共享出来，他人按需而取更适合。

古之学为己，古代人学习是为了修养自己。

一个“恕”字告诉我们，眼睛关照自己，而不是去盯着别人。对别人，宽恕了再宽恕。

班上学生制订了手机使用条例，我通过了。纪律委员又制订了一个班级个人扣分细则。我没有同意，问了这样几个问题：

“你这个细则是自己创造出来的呢，还是在读初中的时候老师采用过？”

“初中时老师采用过。”

“效果怎样？”

“开始挺好的，后来差一些。”

“后来差一些是因为平时就表现好的人，还是平时表现有欠缺的人？”

“原先就表现不好的。”

“那就是说，这个制度还是只对能遵守规则的人起作用。如果是这样的话，学校已经有很多规章，国际部也有一些条款，我们不差制度，只差将制度落实。

“不需要再搞一些什么细则之类的评价了。太多的评价细则，就需要人或者系统去打分，去统计，去分析，还需要人去总结，还需要人去督查……这样很多时间就浪费在互相评价中！

“一复杂，人就累了！大道至简，简单点，再简单点！

“另外，这些人为什么不能真正从根本上自觉起来呢？想过这个问题吗？

“人若有变化，是他自己开始变化。每一个人都不容易，每一个人都有自己的想法，每个人都很重要，每个人都与众不同，要相信同学，信任的力量是无穷的。

“如果我们利用程序将一些情况记录下来，通过若干数据的采集，找到能解决问题的方案就更好，你可以做一做这方面的研究。”

管理的最高境界是不需要管，也就是自觉，这个境界一下子很难达成，但可以慢慢趋向——

老师每天都在示范，周围的同学也就越来越自觉了。若包括纪律委员在内的所有班干部都能以身作则，规范自己，天长日久同学们就会自然自觉起来。一旦自觉起来，不管以后走到哪里，他都会自觉。这才是我们来到一块和老师一道学习的关键所在。用一系列强制性的扣分手段，短期效果会很好，但这不是学生主动遵守，而是被动规范。若没有特别的扣分规矩，学生自觉形成一种习惯了，那种氛围就都舒服了。就像现在，18:40 上晚自习，班上同学 18:10 就差不多到齐了：学习的学习，整理的整理，弹琴的弹琴，下棋的下棋。

当然，有些硬性的规范是必须遵守的。

教育的终极目的，是让我们获得自由的高境界的发展。

己所不欲，勿施于人。

这应该可以成为今天现代社会修养的最高境界标准！

【学生日记】>>>

※余果

在昨天写收手机的方法的时候，写到“沉迷游戏”有感。

有人问我：“玩玩游戏有什么不好的？”

当然没什么不好的呀，我个人虽然不喜欢玩游戏，但我知道，这是适应潮流。我昨天跟浩涵说：“听说你玩游戏玩得特别好，我觉得你如果想要发展，可以去学计算机专业，创造出更好的游戏，让所有人都愿意玩的游戏。”

术业有专攻，我也这么认为。如果你在一方面有实力，你就尽情地去发展吧。

听说去美国的时间有了变动，会错过过年，我毫无所动，并不是我不孝顺，并不是我不想爸妈，我也想，我也很难受。但是，“鱼和熊掌不可得兼”。早在很久前，还没有确定时间的时候，我也怕会无法在过年时回家，但父母谅解了，我很感动。询问了老师，路程不变。心想：那还有什么好犹豫的，肯定要去！带着爸妈对我的期望去！然后满载而归，给一个满意的结果。

没有什么困难能阻挡我了。

※茗轩

只有决定最终的道路，才能迈出最坚定的步伐，才能到达最后的目的地。同时，如果没有那个信念，无论红黄蓝绿，终究只是过客罢了。境界，到底什么境界是最高的？就在前些日子，我得到了自己的答案。活出最真实快乐的一辈子，不后悔的一辈子。

※敬崇

今天，我学习还算认真，下课时间也休息了一下，这算是合理运用了时间吧。今天体育课的时候找化学老师刘念去补了课，感觉跟上了一些，数学也问了谭老师很多问题，也感觉可以了，英语的话还是需要时间去弥补。自我觉得最近品德上注意的少了些，这是不行的，一定要品学兼优，一样都不能缺少。

※伊健

每每到了无聊的时候，人就会乱想。今天便是这样，在体育馆楼上走着走着，突然脑袋里便冒出个问题。学术和道德到底算不算一个东西？说是同一个东西，可管理者在管理人员时，总将学术上的才能与道德分开。说不是一个东西吧，可道德又是可以学习的，古代又将道德作为学业。而这两者孰轻孰重，我也不得而知。有人觉得德更重要，也有人觉得才更重要。以后慢慢思考吧，先将眼下的事情搞定。

妙如回复

才德如同一个人的左右手，你觉得左手重要还是右手重要？每走一步是术，将一段路走完就是道了。知行合一，术道一统，方为大观。

第三学月

2016年11月2日

选择是一种修行

【妙如随记】>>>

什么叫作选择？

在不是唯一的状况下进行挑选。

挑与选的过程，就是思想上来来回回反复思维的过程。反复思维的过程，在佛学里就是“思维修”。

“思维修”就是思想清净地去来回思虑。

清净地去来回思虑，简单一点说就是“静虑”。

“静虑”翻译成禅语就是“禅那”。

“禅那”即“禅”！

选择其实就是对自己的尊重！

什么叫作修行？

词典里的解释：佛教徒或道教徒虔诚地学习教义，并照着教义去实行。

我的理解是，按照自己内心选择的方向去走，去落实。

如此，选择就是一种悟道的过程，也就是修炼的过程。

选择便是一种修行！

为什么要选择呢?

让自己有意义且自由地生活。

人生有崖，而路无数，每一条道都去试试，时间可能来不及，可能会让本可以在某一方面出类拔萃的自己却因频于换道而消减。

谁来选择呢?

毫无疑问，自己做出选择!

有朋友问我："你的选择都是自己做的吗?"

我的回答："有的是，有的不是。"

又问："你孩子的选择，都是她自己做的吗?"

我说："不完全是，也不完全不是。"

举个例子：

我的名字是父亲做出的选择，他给我取的名，也给我定了一个方向。

妙如二字取于"妙法真如"。

妙法真如乃佛的最高境界，这便是他给我指的一条路。

他说他很小就准备出家的，与佛有缘，但没有达成心愿，希望我能去参悟佛法。这是他的希望，也是他给我指的人生之路。教育就是慈悲，我选择了做教育。

能自己做出选择的时候，就自己做，不能独立做出的时候，多问一问父母、朋友不会错!

不干预别人的选择是对每一生命的尊重，但协助还不能完全看清自己、看清方向的人做出比较科学的人性的选择，这更是对生命的敬畏!

如此，选择也有底线规则：对自己有益，也不伤害别人。

选择是一种修行，也是一门学问。

【学生日记】>>>

※敬崇

今天很好，学了很多，也蛮认真，不知道为什么最近都还轻松。上午来了美国杜鲁门大学的教授给我们讲课，下午也来了一位家长，给我们上商业与领导力课。今天过得很充实，但是脑中又产生了很多的问题，不过我都这么大了，也该想想事了。

不是每个老师都像我的老师这么优秀，这么善良的。

我们作为学生，虽然心里不太愿意，可是终究还是要读些书的。为了自己更好的生活、理想的生活，加一把油。

妙如回复

敬崇今天遇到了一件不很愉快的事情，但你的涵养与品位就在那一刹那体现了！老师为你点赞。但如我一般，所有的老师都不是圣人，在那样的场合，那位老师没有很理性，或者少了点人情味，也是太年轻，还在历练的路上。相信我们的学生会理解会原谅。

※茗轩

我从来没有想过佛、道之路，曾经想过达到境界，却发现这个境界并不能使我快乐。与其如此，为什么要修此道？于是我决定，修自己。

不踏浑水，不知水之浑；不蹚浑水，今后不知何以面对？没有必要自己真正浑进去，但是不经历内心的黑暗面与走出来，将来你也许就少一份力量去面对突如其来的恐惧，就无法胜任任何环境。我认为这也是一种修行。

妙如回复

是呀，经历过就是经验。老师的方法，就是放手，让你们尽情地去体验，当然，放手也还是有前提的或者说有规则的。再，修行本就是从修自己开始，从而起到潜移默化影响周围人的作用，你能悟出，可见你悟性很好，继续。

※静宜

今天的商业与领导力课程，印象最深的就是叔叔给我们讲的做个“五好”的人——“想好的，看好的，听好的，说好的，做好的”。心中要有积极的想法，双眼要看向积极的事物，听积极的观点，说积极的话，做积极的事，这就是自我燃烧，点燃别人。

※小现

下午上商业与领导力课时，学校邀请两位家长解说了生活中种种情况的发生与应对办法，以及读书的地位。

两位家长都表示读书很重要，但读书不是成功的唯一方法。读书是一种交流的工具，便于国际化的交流，走出国门不丢人。当其中一位家长被问及记单词睡着了怎么办的这个问题时，这位家长幽默地解释道：“记单词睡着是为了去到梦想的地方，当你记单词不睡着时就真正到了梦想的地方。”

我觉得这句话有道理，我们现在在学校拼命地学英语，不是为了睡觉虚度人生，也不只是为了能够出国读一个自己理想的大学，而是为了实现自己心中的愿望，自己的理想。

为了自己的梦想，加油！

2016 年 11 月 6 日

输得起，才是真玩家

【妙如随记】>>>

今天决赛。

长得好，玩得好，学得好，才是真正的好！

决赛输了，有孩子对我说，输了，太没面子了。

我回答：输得起，才是真玩家！

我不会踢球，但看多了觉得要赢球不外乎三点：身体素质比别人强一点，团队默契程度比别人多一点，技术水平比别人高一点。如果这三点均等，那就心态比别人平和一点，或者拼命程度比别人猛一点。

在竞赛中，团队建设不缺队友，只缺合适的队友。

【学生日记】>>>

※嘉骏

今天和航空班竞争冠军，不过早已熟悉他们实力的我们内心有些抑郁，因为对手太强大了，其中有两个人的配合和单兵作战能力都远超我们。陶妈在赛前鼓励我们说："你们说他们在一起待了 5 年左右，踢球有默契了，那你们有些人还在一起 9 年了，为什么会输给他们？很多事情就是要研究研究，还要拼搏一番。"

2016年11月9日

湘银，您给孩子唱了一首最动听的歌

【妙如随记】>>>

茗轩同学的家长湘银女士下午为我们的孩子唱了一首最动听的歌！

孩子，你是妈妈最大的动力……

两次选择铺就一条勤奋坚持成功轨迹。

三个故事折射多元酸甜苦辣精彩人生。

一个心愿为孩子奠基。

孩子们献上了钢琴、吉他演奏节目。

孩子们分享了聆听感受。

张主任也谈了感受。

示范是最好的教育。国际部开设商业与领导力课的目的，就是让孩子们多渠道了解一些课外的世界。铁饭碗与泥饭碗该如何选择？没有任何事情是你完全准备好了再做的，“草鞋无样，边打边像”。家长的苦，超出了我们的想象，从家长身上，我们学到了很多东西，人要成功地突破自我，突破束缚。

寒暑假之余，去看一看社会商机——家长的经历是最好的案例，最好的财富。不要认为理所当然。珍惜当下，珍惜，再珍惜。努力，再努力。

家长优秀，孩子们精彩，张主任真诚，没有预演，一切直播，总是那么率真，总是那么被感动，总是那么被带到一个越来越纯洁的领地……

【学生日记】>>>

※伊人

阿姨给我们讲了一些以前工作上遇到的困难，还有以前生活的艰辛，讲了很久很久。我突然联想到了我的妈妈，她也很努力，才获得了今天的成功。而她们成功的动力来源于对我们的爱，她们一直在为我们的人生考虑，想为我们搭建一个很好的平台。所以我上去说了我的感想，并作为一个孩子，一个女儿，给在场所有当了父母的人深深鞠了个躬，作为父母的你们真的很不容易，而我们在以后定将报答。

※久盛

今天下午是茗轩妈妈的演讲，本来我是没准备的，结果陶老师突然让我当主持人。我在课上拍了许多有价值的照片，感触颇深，收获也蛮多的。不过晚上回去时略晚了一点。

※天祺

我的妈妈也是一位女强人，同样是从贫穷到现在的富裕。小时候的我没少让妈妈操心，也没少抱怨妈妈。从小我就很少跟妈妈在一起，在妈妈把我“丢到”同升湖后我更是不能理解她，甚至觉得她认为我是个累赘。当我听了茗轩妈妈的演讲后，我上去问的第一个问题就是为什么要把茗轩放到寄宿学校。“因为我想补偿他。”他妈妈回答得很平静。我突然想起了我自己的妈妈，好像也能理解她了。直到现在，我想对妈妈说：“妈妈，我爱你！”

2016 年 11 月 13 日

会用眼睛看美好

【妙如随记】>>>

教育是一种影响。我时常反思，有缘来到我身边的孩子们，我能带给他们什么，让他们一生都有用呢？

是知识吗？是勤奋吗？是坚持吗？是核心素养吗？我，回顾过往，看看今天，想想未来，思考再三，我想我能带给孩子们一生都有用的东西是下面两点：

第一，会用眼睛看美好。温暖了，就幸福了！

还有厚重，大气，高雅！

我们的眼睛用来看什么？

透过现象看到本质，这是孙悟空的境界。

在修炼里，它不是最高的境界。

第二，想着为我们的家族、国家和世界做出贡献。

具有感恩力，传递力，创新力……

如果还需要的话，就是一种能够融合种种的高阶思维能力。

【学生日记】>>>

※久盛

今天无聊中与 K 闲聊，她突然说了句很有哲理的话：学习是为了能心平气和地与低素质的人讲话，健身是为了让低素质的人能心平气和地与你讲话。

真是妙语，一语惊醒多少人啊。我总是认为运动（健身）相对于学习没那么重要，没想到运动还能让他人心平气和地与你讲话。人们总说身体是革命的本钱，运动强身健体，可以使你气势雄浑饱满，天天斗志昂扬。人们见到高高大大结结实实的人都会比较敬畏，健身至少可以使你在气势上不输于人，拥有（一直被人所推崇的）强大气场，拥有一股蓬勃向上的积极力量。

无论从长期看还是从短期看，健身妙处多多，这也是每个人都需要的食粮。据我所知，班上余果和英冬健身很频繁，据说每个人都有六块腹肌，有时间一定要向他们讨教一下。

※思航

陶老师所言极是。活着，就要学会用眼睛看世界的美好，温暖了，也就幸福了。而我对于温暖、快乐也有自己的看法。我认为人活在世上，拼的是一个无愧于心的青春，走的是一个无怨无悔的人生。只有所言所行对得起父母的培育、老师的教导，对得起自己的良心，才能活得轻松、幸福。或许十年后，二十年后，我们会谢谢今天的我们是如此的努力，竭尽全力向前冲。会谢谢养育我们的父母，教导我们的老师，含辛茹苦支撑我们走向更高更远的地方。所以，我们又有什么资格消极怠惰，有什么时间去挥霍浪费。珍惜青春，把握人生，才能活得成功。活着，只求无怨无悔，无愧于心。加油。

※静宜

学会用眼睛看美好。事物都有两面性，若专注于积极美好的一面，你所见的世界都会变得明亮美好。的确，如此认真一想，我的身边有许许多多优秀的人，他们身上都有着各种值得我学习的品质。比如余果，公认的积极向上有责任心的人，每天拼命努力却从不喊累，他是我学习的榜样，不是成绩，而是他的品格。从此以后，遇到什么烦心事，在抱怨前一定要先让自己冷静下来，想想它的积极面，这样一来，还有什么过不去的坎吗？

※茗轩

路途悠悠，何处为出路？出路，我认为便是足下之路，因为足下之路，往往把日后的路给确定了，也只有走当前的路，才是真正走了的路……

未来是一个没有出口的路，人生在戛然而止之前，都是没有走完的路，一步一步，一步一步，或许当我们倒下的时候，都无法回顾一生吧……那么就别留遗憾，选择属于自己的出路，选择勇敢，不要让悔恨之泪流在天堂！

※奥东

昨天晚上很早就睡了，但一直都没有睡着。想了许多，关于我现在的状况和未来的幻想，心情一直很沉闷，心中的石头一直放不下，但是这次我并不想分享我的心事。

我时常想为什么我会这么懒，每次想努力了却总是只有三分钟热度，一想到这就特别烦。现在所有学科都是英语教学，而我英语本身不好，这是导致其他学科学得特别难的原因之一。时间不多，很快两年就会过去，我想在两年内出国，但目前我的状态是不行的，一想到这时，我就特别烦躁。

※久盛

人要有广阔的胸襟。

人与人之间，常因为目标、心胸、见识而行为有所不同。我的目标是，穷则独善其身，达则兼济天下。这是一种人文情怀。现在常有人说“我不和你一般见识”，这并非见识不同，而是一种更宽阔、更博大的胸怀。有时候我们不能和那些没有同样的目标、崇高的理想与追求的人聊天，并非不想，而是不能。

“我在追求诗歌与远方，你却向往着手机与热炕。”这句网络段子揭示了相同的含义——对于有些人，不必搭理，忽略便是了。

【家长留言】>>>

※家长红苗

凝神聚力搞好学习，不畏艰辛，在汲取知识的过程中不断地提升自己的学习能力，一步一个脚印，踏实前行。成功在向你招手，看好你哦！

2016 年 11 月 16 日

900 元，第一桶金

【妙如随记】>>>

今天，小川爸爸给同学们分享了人生的第一桶金、第二桶金：

900 元，第一桶金，活下去，诚信的启示；

20000 元，第二桶金，站起来，人生真正发生改变，坚持与突破。

【学生日记】>>>

※何茜

还记得小时候和爸妈开玩笑说，读初中我就要开始赚钱了。初二的时候，心血来潮，做了一段时间的微商。当时赚了人生的第一桶金，具体是多少钱，其实我也忘了，但当我做成第一笔交易时，那一整天都是处于兴奋状态。可好景不长，因为我每天要上课，没有很多时间去与顾客交流，而且很多东西需要去管理，所以并没有坚持下去。在那之后，也知道了赚钱真的很不易，为了一笔单，要软磨硬泡地说很多很多，而且他们砍价砍得很厉害，你基本上没有什么利润。如果还要回头客的话，必须保证你的质量很好，才能够吸引老顾客，甚至还可以通过老顾客来介绍新顾客。做生意很难，父母的每一笔钱都来之不易，不要去浪费，你也没有资格浪费，珍惜你所拥有的，才是最重要的。

妙如回复

你有过体验，懂得珍惜，真的很好。人生有很多阶段，该读书的时候就读书，并且把书读好，这是比较理性的。

※久盛

我们请了小川的父亲刘渊先生为我们讲述他个人的故事。我很震惊，他揭示了社会的残酷本质——没有钱，没吃没喝，是很难活下去的。而他，坚持，不放弃，几乎没有给自己留后路，终于拼出了一片天。今天下午我出学校时，也看见了刘渊先生。他很热情地跟我打招呼，我也有种见到了传奇人物般的感觉。

还是一句话——陶妈语录：说一千，道一万，两横一竖就是干。

※小川

今天下午上了领导力课，请来了我的老爸。我知道老爸刚开始在社会打拼的时候很苦，但具体苦到什么程度我不太清楚，也体会不了。我觉得虽然我们的起步平台高，但不代表我们的未来会一帆风顺，也不代表我们不会吃苦。机会只属于有准备的人。现在的我们，也是为了未来少走一些弯路而做准备。现在最重要的是多学点东西，为考大学准备！

2016年11月17日

为家族、国家和世界做出贡献

【妙如随记】>>>

“为家族、国家和世界做出贡献”是我认为的教育终极目的两点中的一点。

会用眼睛看美好!

为家族、国家和世界做出贡献!

怎样为家族、国家和世界做出贡献?

我能做的是，让心安静下来，学一点该学的，做一点该做的!

孩子，你若想为你的家庭、你的班级、你生存的环境做出贡献，现在该做些什么呢?

今天，孙校长在给来自全省各地州市的骨干教师的演讲中，多次提到55班，提到我们每天坚持写日记，他都会认真地看，发现你们的日记写得越来越好，写得真诚，他很是欣慰。

我们不是为给人看而写的，我们只是为自己写下成长的足迹，给自己来一点反思，让自己成长得更稳健，更自在，更自由，更幸福!

能为国家和世界做出贡献，是要有本事的——

坚持吧，孩子们，千锤百炼定能如愿!

【学生日记】>>>

※余果

我一直就想当一名军人，很多人问我原因，我就随口说了句：“报效祖国。”说实话，我认为不光是军人，只要为国家做贡献，当什么都可以。

我一直把自己想象成军人，严格要求自己，很多痛我都扛过去了。只要国家缺什么，我就会去做什么，只要国家需要，我就可以大言不惭地说：“我上！”

※久盛

住寝第三天了，除了晚上有点闹，其他都很好。每天晚上都比前一天早睡20分钟，很舒服，午睡也是倒头就睡，心中很开心。今天发生了一件很愤慨的事情，由于未查清缘由，暂且不表，我们都很生气，明天定会彻查此事。考试季又到了，我的目标是小现、静宜和余果。跟小现比理科，跟静宜比英语，跟余果比努力，加油！

※何茜

曾经我把考试想象得很恐怖，但现在看来，考试似乎变得很有趣，能够让你明白自己在团体中的排名，更有利于你自己对以后的规划。或许在考试中能找到优越感，也有它的好处，因为你的优越感会督促你更认真地学习。“爱它，就成了圣地”，陶妈这句话是真理。学好一件事情并不难，爱上它了，就会尽全力去做到最好，所以想做好一件事，就先爱上这件事吧。

※思航

我没学过吉他，也没用过其他乐器，在乐器这方面算是文盲。陶老师说，学一门乐器吧，闲暇时会有另一种感觉。看到班上越来越多人会乐器了，吉他、钢琴、口琴、萨克斯，我心里痒痒的，对吉他有了浓厚的兴趣，想要去学，于是便买了一把，从此每天都要抽时间出来。虽然我没跟专业的老师学过，但我相信百炼成钢，只要日复一日练习，终有一器。加油！

※文鼎

今天晚自习时给化学老师出了一道很难的题目，老师算了很久，还是没算出来。我也和老师一起算，虽然最后没算出来，但是也学到了不少解其他题目的方法，收获颇多。

曾嵘回复

能够难住老师？你牛！

求化学老师“心理阴影面积”。

【教师日记】>>>

※Aeolian

Aeolian 老师被“补课”记

今晚的画风很清奇。

在 55 班带晚自习，各路答疑。下课前 5 分钟，一平常多动但是带脑袋听课的孩子出题考我，某数学式子求和。果然化学老师成功地被学生留堂了，当年高中时候的我也是这个风格，都是轮回。

忽地想起另一个班的孩子约了我下晚自习后做辅导，两难，我可不能轻易放弃难题，但也不能爽约。继续两难，我是解题呢，还是给另一个孩子讲题呢？

脑袋灵光的孩子做指示了：“老师你继续算，我来给他讲！”我从不讶异学生们互相讲题，但是他蹦出来的理解力和阐述力着实让我思考：

“元素连续电离能？”

“呃，英雄联盟你玩过没？”

“青铜、白银等是哪个级的？”

“每一层的电子都可以理解为一个级，级与级之间存在 big jump……”

“第一电离能的周期性规律？”

“呃，想象下，原子核里面的质子就是家长，你就是最外面那个电子，离得越近家长的控制力是不是就越强，越难电离？……”

“为什么氮元素的第一电离能比氧要高？”

“呃，你能把这两个元素电子排布的方框画出来吗？你看这边是不是三个单身，这边单身要成对了，它们当然就不稳定了，是不是就容易失去？……”

最近看了很多关于在线教育的培训，总结起来最大的亮点就是用新奇的贴近学生生活的语言将知识点融入，做成视频播放，让学生在愉快幽默的环境中学习。但是个人认为，学生在理解知识点之后，自己领会出适合他们的理解方式，这个过程更重要。对于孩子们，我们要加强的是不畏难的输入和有趣的输出，因为知识的魅力之一在于纠结揪心之后的茅塞顿开。

谢谢那个容易迟到容易上课把书放在楼上被我各种批评的孩子，谢谢你晚自习后给老师补的课。

这个年纪的学生对于刻意的镜头是排斥的，但是老师已经印在心里了。

【家长留言】>>>

※家长红苗

人生走的是马拉松，马拉松不需要去计较你的起点是落后了还是抢先了，计较的是你到底能够走多远，到底能够坚持走多久。如果说你能坚持走出足够的距离，哪怕你放慢一点儿速度，只要前进的方向是清晰的，未来你就能走出别人所没有走出来的距离，你就能看到别人没有看到的风景。

最可怕的是比你聪明的人居然还比你努力。真棒！你（久盛）让我真正见识了这句话的含义。同学们加油啊！

2016 年 11 月 18 日

我在国际部

【妙如随记】>>>

我在国际部零零散散兼课，有近 12 年历史。

在国际部有办公室，也有两年三个月了。

2014 年 8 月 23 日，在国际部 303 有了一个办公室，并在台历上写下：移至国际部，修炼真经。此后，台历就没有翻动过了。

因为 303 的办公桌已经很旧，斑驳了、脱落了，昨天索性把行政楼的办公桌也搬到了国际部 303，将那张随我东征西战高三文科、高三理科、高一、高二、国际部 8 年的桌子送到了废料场。

新桌子掉了一个螺帽，校办陈鹏同志脑子太好使，便跑下楼在旧桌子上取了一个螺帽上来，上来后非常不解地问："陶主任，那桌子你之前是怎么用的，我取螺帽竟然不要用起子，用手就拿出来了，全是粉末。"

我笑答，有人坐着，桌子就不会散！

……

【学生日记】>>>

※久盛

在写本文之前，我便觉得这篇文章与其是谈论我在国际部的发展，不如更像是写一篇感谢信，给那些在方方面面帮助我，鞭策我，激励我的人。

要感谢的第一个人，便是陶妈。说实话，初中毫无任何管理经验的我，在被选为班长之后，心中的惊讶难以诉说。我已经当了快两个月的班长了，受到的锻炼都是无价之宝，是很难获得的经验。陶妈也经常“骂我”，使我在各方面均有提升。陶妈也是一个很特别或者说一个很有吸引力的班主任。她处理问题的方式出乎意料，完全颠覆了我对班级管理的认知，但效果却是科学的。在初中的时候，我唯一的一个坏毛病就是迟到。当陶老师获悉后，竟没做任何行为，而是选择包容我，结果是——我迟到的次数变得少了很多。

一直很感谢陶妈对我的栽培，我也相信，我，将会一直跟随陶老师，成为我能成为的最伟大的人。

K 不仅是我们的老师，更是我们的朋友。她自愿用休息时间帮我们提高英语，我们都很感动，而且她还特别理解我们。我也特别感激 Aeolian、Tan 和 Hai Ping。他们或多或少地都鼓励过我。尤其是在我最骄傲自满的时候，他们给我当头棒喝，因为有了他们，我才不会膨胀——这也是我成绩提高的原因。

还有我们班的诸位优秀同学。余果——悲惨世界的主人公，更是一名优秀的“偷跑”专家。具有丰富的“偷跑”与“反偷跑”经验的他，给了我“偷跑”的动力，我们在相互比较中学习，光明磊落，做人正直的他也是我学习的榜样，是我努力要超过的目标。还有其他很优秀的同学：静宜、伊人、小现、英冬、伊健、彭婷、思航、大崇等，每个人都很优秀，都是我学习的榜样。因为有他们的存在，我们一层的学风越来越好，越来越多的人加入了“偷跑”的队伍中。

有人说，在国际部学习很轻松。然而无论你在哪里，学习是否轻松，总是取决于你学习是否认真。至少我在国际部感觉一点也不轻松。

还有很多帮助我、激励我、鼓励我的人，由于篇幅原因我没来得及加以阐述。至于我的父母，则给了我最大的包容、支持和爱。在这里表示我最大的感谢。

我们的时代已经到来，加油！不要荒废这大好时光，向目的地进军！

特别感谢彭婷，因为她是唯一一个在作文中没把我名字打错的人。

※静宜

其实，曾经老师在我的心里就是死板和严肃的代名词，我从没想过把老师当作朋友一样和他们毫无顾忌地分享自己的心情。可直到我来到国际部，融入这个温馨和谐的大家庭，我才蓦然发现，自己曾经的想法是多么的愚昧无知。

陶妈，我最最亲爱的班主任，从衔接班到现在一路走来，有了她无微不至的关怀与日日夜夜的陪伴，才有了我们今天的精彩。记得刚到衔接班的那天，我在日记中写道："我觉得您特别亲切，而且有些'接地气'。"她总是面带自然和蔼的微笑，时常说出一些风趣幽默的话，让我感觉特别舒心，毫无距离感。她的语文课也让我真正感受到什么叫真正地把语文读"活"。让我最感动的也是印象最深的一次，便是中秋节那晚。晚自习前她来到教室，突然对我们说："想吃什么，我给你们去买。"记得当时我们一脸惊讶，不知发生了什么，还以为是开玩笑，她又笑笑，重复了一遍。晚自习后，她带着好几袋小龙虾和肯德基回来了，每个组都有份，而且分量都很足。自从寄宿以后，每个中秋都只能在学校过，从没体会过家的感觉，而今年中秋，陶妈却用她无私的付出、爱与关怀，让我如同置身熟悉的家中，那样温暖、安心。妙如妙如，奇妙如她。

K是我心中最美的英语老师，如今，她已成为我崇拜的女神。

我、伊人、小川和彭婷，我们每天互帮互助、互相学习，营造出了一种互相推进、你追我赶的风气，在班里形成一道靓丽的风景线。

不只是她们，还有余果、久盛、小现、思航等许多人，他们身上都有着不同的闪光点，但他们的共同点就是——努力，这给了我极大的压力，但就是这份压力，成了我每天拼命奋斗的动力。对他们的感谢真的千言万语都难尽。

在国际部的这些日子里，我的心态、为人处世、思想、眼界等，都渐渐改变，我也在改变中成长。

※伊健

褪去初中生的外衣，戴上高中生的名冠。还未经历刚毕业的轻松，却又跳入单词、自然科学的泥海之中。在这泥海之中寸步难行，但它也真真切切地告诉我，我与过往不同了。一个不同的环境带给人不同的挑战，不一样的生活带给人不同的难处，至于是陷入泥海，渐渐沉下去，还是奋力向前，爬出坑，这取决于自我。困难总是要解决的，对于国际部的生活，适应是必要的。

当我慢慢适应了这一切之后，便看到了这种生活的美好。老师讲课风趣，与之前的呆板截然不同，还有多种多样的课程与社团，它更是让家长走上讲台，与孩子们面对面交流，心与心照应。

在这里还有许多的朋友与榜样，大家一起生活，学习，进步。面对雅思A-LEVEL这样的大山，我们要互助前行。在这里，我们将用自己的努力与青春，书写我们的回忆与史诗。

※余果

我拿着一塌糊涂的成绩来到了国际部，很想在国际部改变自己，因此，在这个陌生的环境中找到了我在国际部里的第一个小目标，要进入55班——这个令很多人都“眼红”的班级，它拥有宽敞的教室，整齐的桌椅，明亮的灯光，以及最重要的是，这里有最优秀的教师资源。于是我努力了，从一个普通的平行班，考上了这个我憧憬的班级，我开始了新的学校生活。

初到班级里的我，只是坐在自己的位子上，看着周围的同学嬉笑地玩耍。我也想要加入，于是我开始主动与同学交谈，缠着他，黏着他，最后收获了一群朋友。

Maybe，I can't attract anybody as magent. But I will be active to close to you as glue. This is my advantage。可能我不能像磁铁一样去吸引别人，但我会积极地去靠近你，就像胶水一样。这是我的优点。

我不服输的精神在这里被完全地激活了，身边优秀的人数不胜数，“要是不想输，要是我还怀揣这雄心，我就要永远比别人快一步”，我当时是这么想的，现在也如此。

久盛、静宜、思航、小现、英冬，他们都是我的榜样，也是我的目标，他们给我带来的强大的压迫感，使得我有些喘不过气来，有时候又会将我往“强大”推去。我在这些压力下学习到的不只有知识，更有精神上的磨炼。

我想感谢的人太多了，班上的同学都是使我发生改变的原因，想说的话太多了，身上想要倾泄的情感太多了。我不算优秀，但我会变得优秀。我不聪明，但我会变得聪明。我不强大，但我会变得强大。让时间来见证，不让那些鼓舞过我的人失望。即使受伤，但我仍会前进。

The struggle you're in today is developing the strength you need for tomorrow. Don't give up. 今天做的一切挣扎都是在为明天积蓄力量，所以别放弃！

2016 年 11 月 19 日

不奢望，重新开始

【妙如随记】>>>

禅修，是从无开始，不受经验羁绊，不受世俗陈规束缚，走出一条新路来！

人也是有局限性的，受年龄、家庭、文化等的影响，不要有过多的期望。

之前看到过这样一则材料：

很多年前，有个淘气的小孩，我的儿子，当时还是小学生。有一天，历史课，老师讲四大发明，我儿子问：“蔡伦发明纸以前，我们用什么擦屁股？”老师大怒，把他赶出课堂。儿子回家问：“爸，你是学考古的。你说蔡伦以前，我们到底用啥擦屁股？”我想了又想，不知该怎么回答。你还别说，这真是个难题，不用说小学老师不知道，就是满肚子学问的考古专家，也不一定能解答，真是难为老师了。

人的思维模式大体而言有两个方向，一种是趋同性思维，即把所有人的思维统一到一个标准答案上；另外一种是与想象力相连的发散性思维，即寻求同一问题的不同答案，探求同一问题新的答案。

如果培养孩子要求同一思维的话，所有的孩子都会是一个模子刻出来的。

在科学研究领域，第一才被尊崇，所谓第一就是寻求与以往认识的不同并成功的第一人，按照已有的模式和技术方案第二次完成被称为重复，基本没有新的认识价值……

教育需要不断地鼓励学生，帮助他们去了解自己，创新性地了解社会，认识社会，建设社会。拿别人的地图，走自己的路，未必合适。不用套路教学，不用范式育人，用未来的要求引领，每天都重新起步，不奢望。

【学生日记】>>>

※久盛

学会委婉，学会大度，学会用温和的方式解决问题。

今天有空，就去陶妈办公室坐了坐，跟陶妈聊聊天。

没想到她表扬了我，但也指出了我的几个问题——说话不够委婉，做人不够大度，做事不够温和。

后来仔细想想也是。身为班级干部，如果不能友善地对待每一个同学，就很难开展班级工作，更别谈把工作做好了。这就是为什么我们需要做人做事更加温润。

今天打日记时不小心关了机，日记全丢了，这提醒我们做事不仅要有 Plan A，还要有 Plan B.

【家长留言】>>>

※家长绍源

陶老师，各位老师，谢谢了！

看到潇航不断地成熟，不断地进步，感谢你们让我们成为比孟母幸运的人！感谢你们这些老师把学生当成儿女一样地教导！你们是学生三生修来的福气，你们是老师的光芒！

我知道儿子进 55 班之前坏毛病很多，你们没有嫌弃他，你们像德高望重的老中医一样，通过望、闻、问、切，让潇航的“病”在慢慢好转，懂得了何为努力，何为理想。天道酬勤，相信潇航会通过自己的坚持和坚定走出一条幸福的大道，来报答你们这些父母般的老师。

※承熹妈妈

国际部 55 班孩子们的日记，在陶老师不同主题引导下，字里行间表达出了真情实感，让我们做家长的了解到了孩子们的内心世界，更重要的是让孩子们学习真实地表达和抒发自己的情绪、感受，是学习自己看自己、自己了解自己的一个有效的方式。同时我也欣喜地看到我的孩子来到同升湖学校、来到这个班级后，整个人也悄悄地发生了改变，愿意与父母交流了，有责任和担当意识了……

虽然只有两个月时间，但是陶老师独特的教育方法和国际部的世界格局意识，已经慢慢地在影响着孩子，感谢同升教育！感谢国际部！感谢陶老师的用心付出！

※家长晓明

55 班是个激情如火、灵感澎湃、思想驰骋的优秀班级。透过日记，不难发现许多即将脱颖而出且志存高远的人才，同学少年都不贱，我们家长与有荣焉。也希望懿轩同学把握机会，清晰目标，端正态度，跟上节奏，好好学习，将来有所作为。

学无止境，人生的高度亦无止境，亲身经历了，用心感受过，才能沉淀人生的厚度。

感谢陶主任及所有老师的辛勤付出，爱长留心中。

※家长斯琴

尊敬的陶老师，亲爱的同学们，大家好！同学们，你们有一个像妈妈般的老师来细心教导你们学习、做人，特别是她把对你们的素质教育注入到每一个细节、每一份爱中，教你们如何奉献爱的精神，如何分享各自的专长，如何帮助他人学习等。老师今天教你们的这些都是你们在以后的生活中要用的，要去体验实践的。陶老师凭着她对学生们的这份爱、对教育的激情和热爱，诠释了她一生所学，一生对教育事业的付出和奉献。在此，作为家长，谢谢您教育我的孩子如何学习，如何做人，如何成长，等等，感谢您的辛勤付出和耐心辅导。

2016 年 11 月 29 日

家长、老师是战友，是同事

【妙如随记】>>>

孩子压力太大了，有点吃力，有家长建议合理把握学习的时间，不能盲目地消耗时间。建议很好。在此，我分享一个小体验：

一天，我和朋友相约爬山，上去时间大约 4 个小时。

她腿比我长，开始走得比较快，就不断催我：“快点，快点。”

我笑：“我又不是来比赛的，我是来运动运动的。和你聊，运动一下思维；爬山，运动一下身体。你如此求快，那就坐车上去算了。”

她笑，慢了下来。

走了大约个把小时，我们到了半山腰，她已有轻微气喘，而我没有什么感觉。

她问：“你怎么大气都不出一口?”

我笑：“这就是腿短的优势!”

又走了个把小时，她已经气喘吁吁，而我却依然如常。

她说，我的身体素质比她好。

我笑：“我是低血压，低的程度你想都想不到，要达到喘气的程度，还走这么远也未必能够催发。”

爬山是长距离拉练，开始太快了，后面不可能能够保持开始的速度。

慢慢走，不停，就不会太慢。这样在规定的时间里也一样能达到。

我已经这样走过多次，只是和不同的人。

朋友气喘吁吁，是目标太明确，就想一下子到达。孩子压力大，也是一样，路要一步一步走，饭要一口一口吃，快不得。

我还分享一个“陪”字。这字左边是“阝”旁，建议我们多听；右上部为“立”，要我们端端正正做好榜样；右下部为“口”，要我们沟通，但相对听来讲，要少说，多听孩子说。这是我个人认为的“陪”字的含义，仅供参考。

【学生日记】>>>

※敬崇

今天感觉还不错，除了晚自习之后，其他时间没有打一下盹，很好，也补了很多漏掉的知识，并且心情还保持这么愉快。虽然回到学校还是很累的，今天还不小心扭了一下腰，但是起码我没有那么反感学习了，这是一个好的开始。

早上的心情会比晚上好很多，我觉得晚上就不要多想了。

※伊人

放假回来的第一天，我一点都没有不适应，马上就收了心进入到课堂中来。就要竞选班干部了，其实我开始很迷茫，我不知道该当什么，我怕自己没有能力或者不负责，但是老师和我聊了一会后，我顿时明朗了许多。老师还让我们几个人担任同声翻译，这任务重大，我要努力啊。到时候再看我们的吧。

【家长留言】>>>

※家长斯琴

伊人，不管你竞选了什么班干部，都要有担当责任的能力，不能以任何借口和理由推卸责任。一个人不管身处任何境地都要有担当，有责任感和使命感，我相信我的女儿一定不会辜负同学们的厚望和老师们的信任。当好一个班干部可以锻炼你的管理能力和领导水平，是否被老师和同学认可，那就要看你的表现了，妈妈永远相信自己的女儿一定不孚众望。

2016 年 11 月 30 日

放下与坚持同时修炼

【妙如随记】>>>

抓鱼理论：双手合力抓大鱼，集中精力做大事。

静思，如如不动，修身明性。

今天，网名“不深不浅种荷花”的老师在网上留文：《教育本来就是一种高尚情怀——我眼中的妙如先生》。文章最后这样写道：

妙如先生身上有一种静气，“不急不暴，不乱不躁，宽能容物，若大海之洋洋；和能待物，类春风习习；刚而能制，万态不足动其操；清而能洁，千尘不足污其色。实乃贵人心气”。我自然想学，但有些东西是学不来的，因为这些需要天赋，需要阅历，需要积累，需要沉淀。

我希望自己也能滋养一种从容与大气。

教育本来就是一种高尚情怀。妙如先生，我“虽不能及，心向往之”。

我回复：

谢谢您如此抬爱，这篇文章写得真好，我只能朝着您指引的道路不懈前行了，不，还有您以及更多的教育人结伴同行。

【学生日记】>>>

※余果

是时候放弃一些事情了，虽然都想做，但是心和身体上已经有些吃不消了。虽然都想学，但是时间不允许。虽然很忙，但是又不能浮躁，要沉下心去做事，要又快又有效率，这就需要我的专注力了，包括对上课的专注度和对作业的专注度。这又是对我的考验。

我的家长并没有给我什么压力，这些压力都是我自己给的。This is a chance to change me. This is a chance to make me stronger.

※茗轩

什么最能打动人心？有时候一首歌便能让人潸然泪下，有时候一幅照片或一部影片可以让人思考良久。确实，有时候哭比笑要舒服，打动心灵比让人给你一个好的成绩评价要强得多。人心变化多端，要抓住都难，打动就更加不用说。若是公开的话，无论如何也都会有人产生共鸣吧。

※敬崇

今天心情有些不大好，听课会有些讲话，经过陶妈的说解之后，感觉好了一些，晚上身体不大舒服，先回寝室休息了。

※嘉骏

Dan 给我们上商业与领导力课，他只让我们做了一件事，就是玩手绘版的英语大富翁，他告诉我们：“在很多人看来，这只是一个游戏，但在这里，我们要把它当成一场比赛，一场真正的商赛。”

商赛让我们知道了很多，平常都觉得很简单，但真正当我们去做的时候才发现这个有多难。在这个领域里，一步错，步步错，容不得我们第二次来过。所以，每一步我们都只能够全心全意地思考它的利与弊，再做出选择。

第四学月

2016 年 12 月 1 日

学会读自己

【妙如随记】>>>

眼睛一般情况下都在看自身以外的风景，自身又大多是别人的风景……

妄自菲薄是自己过度谦虚低看了自己。

自以为是是自己太看得起自己。

自从有了镜子，认识自己就方便了许多。

谦虚是需要本钱的。

有孩子写日记，特别用心，但用语总让人读了不舒服，怎样引导他读自己？我曾写下过这样的点拨：

能公平地处事，需要心中没有成见；要达到光明正大，需要心中没有自我。当你置身利益之外的时候，作为当事人一定可以泰然处事；当你处在利益之中的时候，你的建议一定阐明了利弊之因。

这是个多元世界，每一样东西的存在，都有其存在的价值，按照其生存的适合点生存就是美好。

怎样的表达，能让别人读来既能得到启示，又能心情畅快呢？

选定角度，树立观点，正反阐述，不偏激，不针对。

还有孩子反反复复总是为游戏、学习自责和纠结。于是我写下：

是呀，过去的成了记忆，留在了心底，现在是进行时，也需要一边行走一边记录！精彩在每一天，你的那些深刻记忆，你对游戏的看法，都是你逐渐长大的见证。

不想长大，又想长大，是每个人都有的幸福纠结！

读书、读游戏，也要在悟中读自己。

【学生日记】>>>

※思航

今天在楼下上课，感觉近来我们座位那一块在上课时讨论太激烈，而我性子却是那种内向、安静的，不太喜欢这种感觉，上课也容易分心，于是我征求老师同意换了一个位置，坐在了彭婷旁边。感觉清静多了，头脑也清醒了，上课也能更加投入地跟随老师的步伐。相信今后的学习也会有所收获、进步。

2016 年 12 月 3 日

轮流执政班长团队产生

【妙如随记】>>>

在久盛全面负责，静宜分管学习，余果分管一层，文钦分管二层的第一届班长团队的引领下，55 班从一个新生老生混合班级，短短三个月时间变成了一个团结和睦、学风醇厚、争先恐后、健康向上的班级。作为班主任，深以他们为豪。

为了让更多的同学有锻炼的舞台，55 班采用轮流执政方式，当然是愿意主动为同学服务，为班级做出贡献的人，通过竞选走上新一轮执政岗位。

今天班会课，进行了班长竞选。

报名，演讲，投票，依据票数高低决定第二届班长团队名单：

总班长，余果

总执行班长，静宜

一层班长，久盛

一层执行班长，小现

二层班长，文钦

二层执行班长，何茜

竞选时设了同声翻译，非常不错。

待各种岗位竞选完后，新一轮班长团队正式上岗，这段时间跟着上一届实习。

【学生日记】>>>

※茗轩

路，还是走自己想走的好。不过无论如何，必定得挣扎一番才能到达目的地。没有哪一种人生不存在痛苦，不过放弃了自己的人生必定没有出路便是了……

如果你幻想着一个梦一样的人生，是相信还是仅仅幻想而已呢？我的耳畔总是响起：不相信就等同于放弃。我也不想放弃，如果有个像童话故事一样的人生该多好啊！但是我又不得不一直反省着现实，既想要相信，却一直相信不了。明明承认了这个现实，又不甘，想去反抗，想去挣扎，又不想做无意义的事……这种矛盾何时打破啊？

※彭婷

大家好，我的名字叫Patty。我很高兴竞选学习委员，我对此有浓厚的兴趣。据我所知，学习委员应该让所有的学生一起学习，建立一个良好的学习环境。关于这点我有一些想法。第一，如果有人想要求别人努力学习，那这个人需要先搞好自己的学习。成为一个榜样是非常重要的。所以我将尽我所能成为一个更好的学习者。第二，要构建良好的学习环境，成立学习小组是一个好主意。俗话说："团结就是力量。"比起独自学习，在团队中我们可以学到更多的知识，更有效率地学习。说说我自己，竞选学习委员的原因是我想为我们班做些事情并锻炼自己。虽然准备得不好，但尽我所能。以上是所有的内容，谢谢。

※敬崇

今天整个感觉都很不错，学习也感觉比平时更加好。也不知道是怎么了，就是有感觉，没有以前的厌烦感，希望能够保持下去，今天晚上感觉也还好。

※余果

说实话，我最近真的过得有些奇怪，因为我有时会感到很开心，但有时候又会觉得有压力，而且全都是因为跟别人比学习。看到有人比我厉害，我就会不自觉地去追赶他们，往自己身上施加了很多的压力。但是陶老师的一句话使我豁然开朗，"跟自己比，其乐无穷；跟他人比，追赶无穷"。

2016 年 12 月 6 日

教育其实是一种阅读

【妙如随记】>>>

读书，读人，读自然（己）。

读懂，读通，读活。

教育的效果用考试可以测量，听他说话、看他的随记、看他做事也可以检测。只要开口、只要动手，就知道他的领悟达到了什么层次。

向学生推荐了《人民日报》上的一篇文章：

“字多不看”让你失去什么（有删减）

“字太多，不看了。”现如今点开微博、微信上一篇长文，评论区十有八九会出现这样的留言。不知从何时起，“字数太多”、“文章太长”成为指摘的对象。

“快餐式阅读”是互联网时代的产物，信息更新速度太快，导致人们急于抓住每一段碎片时间，快速获取更多信息。地铁里、餐桌上、排队中，我们拿着手机迫不及待地上下滑动，生怕一秒钟会错过“几个亿”。

快字当头，遇到长文章，自然不耐烦。细读不可能，太“麻烦”、“费事”，不如直接得到现成的“结论”来得痛快，他们更喜欢“简单粗暴”的告知方式。所以“字多不看”的下一句往往是“直接说结论”，这背后缺少的正是“思考”与“好奇心”，而这正是连接读者与作者最重要的那一环。

恰恰很多人买椟还珠，仅限于了解“现象”，对其背后的运行机制选择了无视，久而久之便丧失了思维的乐趣，乃至持久发展的潜力。

“长”不一定有营养，“短”也未必没深度，但不爱读长文或许折射出浮躁的心态和阅读修养的缺失。人们更强调“快”，哪怕结果是乏味无聊的，却不能静下心来享受“慢趣味”带来的延迟满足。须知，碎片阅读获取的信息，如果不加以串联，仍旧构建不起一个人的知识体系。叔本华曾说，不管你学识如何渊博，如果不能反复思维、咀嚼、消化的话，它的价值，远逊于那些所知不多但能予以深思熟虑的知识。

【学生日记】>>>

※小现

今天的晚自习前，去美国的同学们在一起了解了后天去签证的流程与方法，并且所有人都检查了自己的资料是否齐全。我才知道原来做一件事需要提前做这么多的准备工作，这并不像我以前的行事风格，我以前做一件事经常毫无准备地就直接去完成它。我依旧记得初中时最习以为常的事情就是裸考，但是我现在渐渐明白凡事都要提前准备，只有准备可以使一件事情完成得更完美。

※余果

可能确实我现在遇到长文章时，会自觉跳过，我明知这样会跳过很多的重要知识，但总是一味地追求“快”而错失了给我思考和冷静下来的时间。文章那么长，肯定是作者呕心沥血地思考然后写下来的，为了尊重作者，我们要认真地从头看到尾。

※伊静

晚上看到陶老师的文章，我也想起了自己的行为，自认为相较于以前，我现在看手机的时间少了很多，而且更加偏爱阅读文字，包括历史、科学、时事新闻。

2016 年 12 月 8 日

签过，才是体验

【妙如随记】>>>

今天，广州签证，班上二十个孩子一个一个接受面签。

面签官是一个美丽的女孩，甜甜的，可爱极了。她微笑着面对每一个孩子，我站在旁边，欣赏着孩子们与面签官的对答……

在等待的时候，久盛开玩笑说，希望不抽到他，我说，既然来了，就都要签一签，不然，不是白跑了么？

二十个孩子全部过了，我最后一个面签，她竟问了一个特可爱的问题：“这都是您一个班的孩子？”

我笑，梅笑，丹丹也笑……

最后，我们拿到了十年免签的单子，一叠，我很认真地数了数，够数。

感谢带队老师张丹丹。

感谢同行的老师的关照。

感谢国际部外事办全体同志的精细准备！

感谢 55 班全体任课老师！

出来，孩子们除了饿了点，其他都好。尤其是三名分队长很棒，久盛负责十人，余果负责五人，小现负责五人，清点人数，买票，一切都是他们在做，连装资料的密码箱都是敬崇、嘉骏、浩涵拖的，我基本上是个闲人，嘿嘿——

感谢孩子们！

【学生日记】>>>

※余果

我是组长，因此我下车之后，就开始清点我们组的人数。因为我总是注视着久盛，我发现他需要管理10人，而我只有他的一半，虽然我自言自语说他有实力，可以管理那么多人，但是心里还是会有丝丝不甘，但我很好地掩饰了。我真的非常幸运，我的组员都特别听话，所以每次我们组到得最齐，真的省了我很多事，这真是我的“福分”啊！

中午和我可爱的组员进餐后，我们愉快地去签证了。在排队的过程中，时不时就会有同学问我一些关于签证的问题，虽然我以前也没经历过，但我认为没必要去死记什么。我就跟他们说，只用实话实说，放轻松，没想的那么难。当我面对考官的时候，我一直都是放松的，还跟她打了招呼，以一种很友好的态度去交谈（考官是美女）。当然，也是因为老师准备很充分，所以我们能够快速而又顺利地过关，感谢老师！

自己买票，管理小组，面对考官自然交流，这些我以前可能都做不到，但是我来到了国际部，我的胆量真的得到了提高，能力真的提高得很快。我觉得有些不可思议，使我做到这一切的人只能是家长、同学和老师。所以我在此郑重表示，有现在的我，全都是你们的功劳，感谢你们，感恩你们！

※敬崇

今天，5点多早早就起床了。以前有过一次失败的经历，所以对这一次签证非常地在意，非常地害怕出现半点错误。在过程中比上次紧张多了，不确定的地方我都用了中文，主要还是怕连累了别人，但是还好，都过了。今天组长非常地负责，我觉得有必要向他们学习。

※小现

今天我是一小部分同学证件收发的负责人。由于我是第一次做这样的事，在很多时候我都没有像老班干部久盛和余果那样意识到要清点人数，总是等到陶妈询问我人齐否，我才清点人数。

看来，在管理这方面我还有许多需要学习的。

2016 年 12 月 10、11 日

世界这么大，相逢不容易，且行且学习

【妙如随记】>>>

第三届“教育读书节”高峰论坛在厦门举行。

鼓浪屿之波，相逢是首歌……

相逢不容易，且行且学习。

9 号晚出去，10 号晚动身回，11 号凌晨两点到了家，总共不到三十个小时，却跨了三日——

时间太紧，相遇太丰，脑子太钝，手机太慢，没办法随时记下那些感动。

还在机场，欧阳国胜先生责备的短信到了：不够朋友，您到厦门，竟然不事先告知行程！

刚到酒店，见面第一句话，凌宗伟先生说：“和想象中一样。”林茶居先生竟说：“比照片更丰富！我们都非常期待。”朱永通先生说：“您是我们经常谈论的话题。”

我莫名地紧张起来，国胜、永通、茶居、宗伟皆是文字山中的墨客，颇具魏晋风采的文人，我一个普普通通的一线教师，就因一本《让爱智慧》而受到如此关注与抬爱，足见他们对文字的敬畏，对思想的尊重！

餐桌上，《中国教育报》王珺女士问我现在在哪所学校，笑我不是普通人。《教师报》美丽的副主编唐李佩，走到我位子前对我说：“终于见到您了，我知道，冥冥之中上苍一定会安排作者和我们见面的，我给您带了一份我们的报纸，

2016 年 4 月 27 日我们报纸的第 3 版做了读您《做温暖的教育》一书的专版。”

餐后，国胜先生开车带我在岛内岛外游了一圈，并带我参观了他们的学校——厦门外国语学校。

开阔、大气，浓浓的文化气息扑面而来，热烈却又恬静——

和着海风，聆听着鼓浪屿的涛声，感受着海中城市的别样风情……

国胜同志电话响起，他说是永通打过来的，太晚了，要他早点儿送我回酒店休息……

海边的那些男孩们，竟如此细腻……

10 号，茶居先生 15 分钟演讲：眺望美的教育。

眺望，不仅有高处，还有远方。

站在低处时，打“V”字形手势；在高处，则张开双臂。

教育之美在于社会教化功能、人性优化功能。

他还提及教育性生成、价值观教育……

阅读就是建立一种跨文化联系，与古人，与今人——

阅读，就是通往自我教育的道路！

陆晓红女士 15 分钟演讲：精神成长，幸福奠基，做自信、从容的海娃。

另两名女士分享 15 分钟之后，就是我的交流时间了。

因为人们七点多就到了，主持人没有安排休息，我拿到话筒后，笑着说：“大家休息十分钟，去轻松轻松——”

茶居先生看着我说：“没想到，你竟这样调皮！”

我的标题是“重新发现教育”。

接着是傅国涌先生的讲座。

我们随傅国涌先生又领略了民国时期的教材，享受着美的熏陶。

14:30 我的专场开始，标题：《易经》+家庭和谐。

【学生日记】>>>

※伊人

老师今天的标题是“世界这么大，相逢不容易，且行且学习”。看到这个标题，我很有感触。我认为来到了国际部后，我真的交到了很多朋友。我有小婷子、小罗子、小川这三个一直陪在我身边的知心好友；我有文钦、子豪等仗义兄弟；我有余果这样好的学习伙伴；我有尹孜、诗怡、叶敏等这样照顾我的学姐；我还有一群热情的外籍朋友。我也遇到了很多老师，我有K、Aeolian、谭老师等这样可爱的老师；我有陶妈这样有名有才的班主任。能够认识，那即是缘，也是我的幸运。在这里学习，是有点累，但有他们陪伴，给我增添了不少欢乐。说实话，我以前真的没有什么好朋友，是比较孤僻的，但是我真的一点都不后悔，因为我等到了这美好的时光。

2016 年 12 月 12 日

读书，尽可能读原著

【妙如随记】>>>

有人问：“读哪些书？”

我答：“读经典。”

“那么多，只读几本，哪几本？”

“《易经》、《论语》、《老子》、《诗经》、唐诗宋词、唐宋散文等。”

“能不能再简单点？”

“读《中华最美诗文选》，经典中的经典大都在其中，且全是原著。读文章尽可能读原著，读别人解读的版本，就带有解读者个人的理解。”

读书读原著，你就凭着自己的理解，感知了原味，也许你并不太懂，这不重要，多读几遍，自然就懂了，通了，活了——

有思想地读书，才能走进文本，走进作者，领会真意！

《让爱智慧》距今已有十个年头，2007 年被《中国教育报》推荐为“教师必读的几本书”之一。

感恩一路，步步温情。

【学生日记】>>>

※敬崇

明天就是雅思的口语考试，没有人完全准备好，也用不着有压力，只要尽力便是最好的了，加油吧，到现在就只能这么说了。

最近又开始被一种非常反感的心理所困扰，值得庆幸的是，这种心理也会使我在做事或是说话之前想很多，但是除此以外也没有什么好处了。不过，与之前相比还是好很多，现在最大的想法就是控制它，而不被它所控制，尽管困难，但是可以先慢慢来嘛。

妙如回复

自然中有白天就会有黑夜，生活中有奋进也会有停歇，这很正常。只要自己坚定了方向，就没有抵达不了的彼岸！

敬崇回复

现在目前就在坚定信念的阶段吧。

※英冬

今天是很平凡的一天，只是作业不是很多，有更多的时间自习和锻炼自律能力。

明天一层的好多同学要进行雅思口语考试，我为他们加油，希望他们可以在考场上发挥出120%的实力。艺术节越来越近了，每天中午都要排练，每一次的排练都会懂得更多关于舞台的发挥，就是喜欢这种感觉。

妙如回复

“悟”是一个人从自然人到思想人的唯一路径，“每一次的排练都会懂得更多关于舞台的发挥”，这就是一个人能精进的原因！

2016 年 12 月 14 日

你追我赶的氛围是这样形成的

【妙如随记】>>>

有人问：“班级你追我赶的学习氛围是怎样形成的?”

我答：“是班干部的带动，是同学之间互相追赶形成的！”

久盛，争分抢秒记单词、写小作文，有一点点时间，就会和同学去踢足球，下晚自习后会去弹琴，也绝不和你清聊许久。他说，余果在“偷跑”，他不能停歇——写了文章会和静宜她们交流、讨论，演讲、主持、活动都呈现出高雅脱俗却又机智灵动的风格——

余果，只要有空隙，就会向英冬等请教，练习，当这是放松，当这是调剂，而在他和伊健带领之下的自由器乐队，课余总会让教室里传出甜美悠扬的琴声——

静宜的持久性就不用宣传了，沉稳却不失灵动，恬静也含着活泼。她是连续两次考试的榜首，也是“偷跑三大王”之一，吉他表演有她，演讲有她，班级电视节目主持也有她。她、伊人、彭婷、小川互学互进，成为班级一道靓丽的风景！原来只有伊人不弹琴，现在，在彭婷、伊健的指导下，她开始弹琴了——

这道风景，不全是四人的风景，伊人有一小队徒弟，小川又带了另一个团队，督促学习，抓紧落实，其乐融融——

文钦，一方面自己拜师，同时又是二层很多同学的老师，带领同学学习，协助老师把关，尤其协助班主任做了很多帮助同学的好事情——

王霞、潇航各自带了团队——

还有小现、何茜、奥东，还有……

敬崇与浩涵互相鼓励，一道前行——

还有英冬、谭依、刘澧、雅文、柏安、承熹、靖汶、袁卓、文鼎、正康、鑫盛、嘉骏、伊静、天祺等，他们都会用自己擅长的那些帮助同学——

当然，远不止这些，陆续再报道——

因为干部同学的强大凝聚力，班级基本上达到自主管理。

一个班主任带出来的学生，他们尊敬你，信任你，却不依靠你，个个可以独当一面。当他们不需要班主任直接管理班级，而在特别关键时又来咨询你的时候，就是孩子真正长大的时候！

【学生日记】>>>

※静宜

确实，我们班你追我赶的氛围很浓烈，因为既有比自己优秀的人，更有比自己努力的人，如果自己不拼一把，根本比不上。坚持到现在，也可能是因为自己的好胜心吧。虽然知道这次雅思考试超过久盛的概率微乎其微，但还是忍不住想，万一超过了呢？万一自己发挥超常呢？

※何茜

当状态越来越对的时候，学习还是挺有趣的。当你认真地去完成一件事情时，成就感真的很棒，有些东西一旦得到了，就不想再失去了。好的状态是让我学好的唯一途径，所以慢慢地来调整自己，回归原轨。

※伊健

今天考了雅思口语，考得很糟。但是我已经懒得去可惜了，只好让视线向前看。今天发生了许多倒霉的事，我觉得这算是最倒霉的一天了，但是，有人告诉我，既然今天已经是最倒霉的了，那么以后就不会再这么倒霉了。嗯，就这样吧。

妙如回复

用宽处理难办之事，用厚对待难处之人，用慢或者缓应对急事，用平和面对泰山崩于前，似无意解困疑难之境。读伊健之语，似看到了伊健超脱的那一份轻快！

不做全面检查的人，不会发现一身的病痛。

不能耐心等待的人，做不成自己想做的事业。

伊健“既然今天已经是最倒霉的了，那么以后就不会再这么倒霉了。嗯，就这样吧”中凸显的那一份耐心，对自己的那份信心，实在给了老师启示——每一个孩子都是生活哲学家！

谢谢伊健！

2016 年 12 月 16 日

善，在别人真正需要帮助时伸出了手

【妙如随记】>>>

将明天的班会换到了今天。

我说："一个阶段的任务完成，我们的目标基本达成，下一个阶段，要上一个新台阶。公共自习时间、日常生活时间重新组合团队。请愿意出任团队长带领同学一道往上走的同学站起来，我有一个建议，希望英冬带一个团队。"

话音刚落，余果、彭婷、静宜、伊人、英冬、何茜、小现、久盛等几乎是在同一时间里站了起来。还有浩涵希望带一个团队，我说好，等下调剂——

我又说，每组六人左右，自己组团。

每个团队组长、同学互相组合，一下就搞定了。

多余的桌子，放在了后面一格，供老师、同学个别辅导。

下课了，同学大多吃饭去了，伊健、嘉骏、文鼎等几个同学，还在观察摆弄，看看桌椅怎么放，会让教室更温馨、舒适、有益学习。他们左搬一下，右换一下，通过他们的摆弄，摆出了一个八卦阵，没有主次，却在变化中。到处是出口，进退都自由。

每个团队要怎么做，我不准备提建议，我欣赏：哪个团队修养更好，学风更纯，气氛更浓，精气神更旺——

优秀只有在传递中，才更有价值。

学生只有在参与中，才会更快成长。

【学生日记】>>>

※余果

今天全班座位进行了调换。班里采取的是小组长带团的模式，于是我就主动站起来当小组长，去邀请同学做我的组员。我认为这么安排真的很好，这样对每个人都好，因为小组长可以锻炼自己的领导能力，组员可以提高自己的成绩。

我挑选的人可能现在不是最优秀的，但都是很有潜力的，都是有一定实力的，日后绝对会很强，所以我选了他们。还好他们都赏了脸，愿意来我这，因为我也不是很优秀，所以，相互学习，相互进步吧！相信你们！

※何茜

组长，又意味着一份责任，一份担当，一份勇气，一份不可思议。我不是一个完美的组长，但是当我看见我的组员时，我想我应该真心实意地尽自己最大的能力去帮助他们。当然，也只有让自己更优秀，才能够有更大能力去帮助他们。我相信我们的组能够互帮互助，让每个人更优秀，我相信自己能做到，更相信他们能够做到。

※思航

今天换了学习小组，我主动来到了英冬同学的团队。我选择来英冬这里的原因有这些：1. 我比较喜欢清静，因为安静的氛围能让我更好地思考，英冬这一组没有很多人，便来了；2. 组长英冬擅长英语，口语也很流利，化学还有物理等都提前预习过，自我学习能力很强。所以我希望通过和英冬同学一起学习，提高我的学习能力。

【教师日记】>>>

※飘

“优秀只有在传递中，才更有价值”，欣赏、学习中。今天听了手机的使用办法，我发现陶老师的放手让孩子们学会了自我管理。管，是为了不管。

2016年12月17日

尊重即教育

【妙如随记】>>>

社会发展到今天，教育最需要的是什么呢？

我认为，现在教育最需要的是返璞归真！

把人当作人来教，《做温暖的教育》一书中有论述。

把人引导成能为他人着想的人才。

尊重即教育。

尊重人发展的规律。

尊重认知规律。

尊重人的差异性。

尊重人的出生背景差异、文化程度差异。

……

十四年前，见过程老师，那次他上作文讲评课。十四年后再见程老师，他讲"未来学校"。听了老师的内容，心中不由平添了些许自信，老师讲的很多内容，我也想到了，也做了。例如，学科的打通，用历史的思路编辑读本，对一些课改的看法，对课堂的看法，对中西文化的借鉴，而且我还将很多都写进了书里，只是表达有不同而已，感觉自己的更朴实一些，哲理化了的朴实。嘿嘿，我与之不同的是将《易经》原理融入了我的教育，我的生活。

【学生日记】>>>

※伊健

今天，跟陶妈聊了很多。从老师编辑的文稿谈到国学，再谈到管理。我感觉老师真的像一名如同朋友一般的妈妈，对每个学生都给予了尊重，并且用“不言之教”教导我们，是真正用智慧教导我们的人，用温暖感化我们的人。

※思航

今天考了三个小时，有生以来头一次参加这么久的考试，坐在里面感觉自己要石化了。不过值得庆幸的是，自我感觉良好，即使考得不好，我也无愧于心了。本就抱着“一死”的决心踏入考场，也就没有什么好担心忧虑的啦。回过头来看看自己走过的路，是多么的漫长。成堆的试卷，数不胜数的生涩难懂的英文单词，无疑我们是很努力的，我们都付出过，无论多少。我们都对得起自己，无论成败。我们是这一届的强者。

至少雅思这条路今天我们走过了，以后走起来也就轻车熟路了……

路还长，学无止境……

※余果

今天我爸妈跟我聊了很多，我渐渐理解了为什么当初久盛没有继续成为总班长的原因，是因为他有原则，懂得拒绝，而我只是一味地接受，所有事情全揽，因此我可能会得罪一些人。这正是我所要改正的。而且班上的任务我并没有适当分配，很多事情都是自己做，这就证明我的管理能力还不行，所以导致我为了班级的事情耽误了学习。

我会改变，我会更有原则，但是我会圆滑地处理事情，让大家都能做事，都能接受，都能锻炼，都能进步。

2016 年 12 月 18 日

话是一席生活

【妙如随记】 >>>

今天送培，标题是“话是一席生活”，提纲如下：

文化涵养、凝聚力 、吸引力。

不逼你，慢慢走，我陪你。

清，目标，思路；静，时间，空间；雅，语言，举止。

不难，深入浅出；有趣，形象生动；有用，立竿见影。

懂，通，活。

晚上回家，询问先生听课感受，这是他第二次听我讲座。他微笑着说：

“你的讲座，很洒脱，打得很开。开始漫无边际的，到最后归总了，那些看似没有关系的东西都指向正题。就像一棵连根拔起的大树，先看它的根部是毫无头绪的，乱糟糟的，但看到根的上部就是一棵大树。顺着听，跳跃性比较大，东一下，西一下，就像在聊着玩，不是很能明白其中用意。听完后，才感觉到之前的点点滴滴是整个主题不可或缺的部分，给人一种恍然大悟的感觉。”

这个评价，给了我提醒。有的听众目的性很强，希望你直接点，一个什么问题，说出一个理由，这样解决问题很简单。有的呢，委婉一点会更好。我今后的交流在考虑对象的年龄、所受教育的同时，还要看大家眼睛里的反应，将逻辑性与形象性有机结合，条理清晰，旁征博引，深入浅出，融会贯通，最终达到一语中的、鞭辟入里。这样既有高度，又有深度，还有趣味性。

【学生日记】>>>

※余果

今天早上过来，我跟我的组员说："今早要给你们安排早读任务。"结果雅文和天祺都非常积极，他们不停地问我读音，特别专注地记单词，我非常欣慰。他们真的是太棒了，我真的很开心能做他们的组长。

※静宜

现在最想做的事，就是好好练好吉他，这一次，我打算努力坚持下去。受了我偶像们的影响，觉得能和朋友们在一起弹琴是一件非常幸福非常帅气的事。他们其中一个人不仅会弹吉他、吹口琴，还会吹萨克斯。我很羡慕，于是把他们当作了我的目标。同时，我身边也有我学习的榜样，余果弹琴就弹得很好，有什么问题都可以问他。希望有一天，我也能有自己的乐队！

※伊健

今天，一直在搞学习。学习是为了竞争，而竞争就会有胜负，每一个成功必定伴随着失败。每获得一个机会的同时，便是在剥夺别人的机会。这个残忍的世界完全容不下那些没有能力的人，不管是什么原因。每每投入竞争的洪流中时，便是在剥夺与被剥夺。在这个如同森林一般的社会，自然的法则依旧适用，吃与被吃的事件一天天地上演，从未停歇，也从未有人关注。

【教师日记】>>>

※飘

不逼你，慢慢走，不着急，陶老师今天分享的一个例子让我感触颇深。或许，教育需要等待，静心等待。发现自己要学习的太多了，需要多多学习。

2016 年 12 月 19 日

孔子热之后会是什么热呢

【妙如随记】>>>

与伊健同学聊天，聊中国文化在世界上的影响，聊孔子热。

伊健：老师，中国的书在全球的排名，《老子》排第一，《孙子兵法》排第二，“四书五经”倒是还没有这两本书热，这是什么原因呢？

我：我也只能谈谈我的看法，仅供参考。道家认为个个都可以成为神仙，希望能随心所欲，自由自在。你说，想这样的人是不是很多？

《孙子兵法》是中国现存最早的兵书，也是世界上最早的军事著作，被誉为“兵学圣典”，讲的是征战取胜，能为争得霸主的人提供谋略。所谓谋略不是小聪明，而是大智慧，取胜的手段是教你不用征战就能获胜，将其移至商战上的人特别多。

《老子》里说：“上善若水。水善利万物而不争，处众人之所恶，故几于道。居善地，心善渊，与善仁，言善信，政善治，事善能，动善时。夫唯不争，故无尤。”形象、精辟、深刻，一般研究哲学的人多会阅读。

《孙子兵法》是一本方法论，指导性、启发性都很强。日本逢屋千村说《孙子兵法》不是讲打仗的，《孙子兵法》是教人和平的，是和平主义者，是不战主义。而这些，又大多能从《易经》的一些卦爻中找到原形，《孙子兵法》将《易经》关于军旅的不战而屈人之兵、上兵划谋、知彼知己百战不殆等思想具体化了。

从取法自然及其大道来说，《老子》应是从《易经》中获得了启示，《易经》

每一卦都是取自然现象为譬的。从哲学思想、逻辑体系来说，《老子》也应是对《易经》的深度理解之后，而形成了自己的体系。

伊健：既然这样，为什么读《易经》的人反而更少呢？

我：《易经》太古老，大多人望而却步，不少人浅尝辄止，只留下极个别的人研读了它，而这种研读的心得又各持一说，表达也比较古奥，加之多少有点把它神化的因素，让这本世界上最简单的书，反而被认为是最难懂的书了。

伊健：为什么现在孔子却如此热呢？

我：中国文化“仁义礼智信”、“温良恭俭让”永远也不会过时。“己所不欲，勿施于人”成了普适理论，人们希望和谐，希望大同，现阶段读孔子是世界必然的选择。

《老子》讲道，太自由。《孙子兵法》讲征战，虽然温和，但还是为了获得霸主，离不开战争，不管是有硝烟的战争还是看不见硝烟的战争，战争总是残酷的，总要找到一个折中的方法。于是孔子出来了。

孔子的言论颇受《易经》启示，逐渐形成了自己的思想，构建了自己的体系。孔子讲仁，讲礼，比较平和，又有规则，适合大众。

伊健：网上有留言，说论教育，孔子根本排不上号。三千弟子，仅七十二贤人。贤人中无一人有什么突出政绩。他与鬼谷子比差远了。鬼谷子的学生并不多，但大多了得，苏秦、张仪、庞涓、孙膑等，孔子的哪个学生能与其中的一个相比呢？

我：这个问题有意思，《公输》你读过吗？结尾部分，有这样一个插曲，可以给你提供一个思考的角度。子墨子用智慧和爱制止了楚国攻宋，在回来经过宋的路上，遇到了大雨。他想在闾中躲雨，守闾者说，他又不去为国家打仗，不准入内。故曰：“治于神者，众人不知其功；争于明者，众人知之。”运用神机的人，众人不知道他的功劳；而于明处做事的人，众人却知道他。

伊健：您说《老子》、《孙子兵法》、《论语》都从《易经》中获得启示，为什么不直接让大家都来读《易经》呢？

我：一个社会文明发展到非常高的境界的时候，《易经》才会成为普及读物。

伊健：为什么？

我：大道至简，越简单的东西，涵韵就越丰，涵盖就越广，越要用心去悟。

《易经》的易是万物变化的过程与规律，是哲学化了的生活，是要用时间去慢慢体会的，是需要长时间去体验的，还需要反反复复地去琢磨，然后将它根植于心，融于血脉，方可有些细微的变化。人世间，事情太多，我们都太忙，现在大家还腾不出时间真正静下心来读书，更何况读《易经》呢？读《易经》成为普遍的时代，就是新的“轴心时代”文化来临的时代。

按照现在社会发展的进程，孔子热过后，就是读《易经》的时代了。文化的传承与创新，都是有铺垫的。估计二十年内，世界上读《易经》的人将会是几千年来读《易经》的人的总和，此后读它的人会以指数级增长。

伊健：那怎样读《易经》呢？

我：不求读懂，只求读熟，与自然冥合。道法自然，天人合一。一句一句，静心研读，人神合一。静极通灵，前后贯穿，人经合一。只用占卜学去解读，是参悟不到《易经》的玄妙的；完全用训诂学去解读，大家是听不懂的，也抵达不了《易经》通灵的境界的。从生活的本真出发，想着幸福生活是怎么样创造出来的，美好生活是怎样一步一步达到的，《易经》就读懂了。其实，儒家、道家、佛家、兵家等没有哪家不从《易经》中获益的。

伊健：既然这些大咖们都从《易经》里获得大智慧，那您就给我们系统地聊一聊《易经》吧。

我：嘿嘿，慢慢来！

2016年12月21日

一张一弛，文武之道也

【妙如随记】

欢乐节，它是自由的，开放的——

节日的来历，都会有故事，有节日，就一定有仪式，仪式的力量是很大的。

凡是欢乐节，相对来讲都比较盛大，都比较隆重，都比较自由，都比较开放——

没有经过长途跋涉的人，是不知道到达终点的欢呼的。

没有经历日夜奋战的人，是不知道酣畅地睡在床上的幸福的。

没有经过你追我赶、争分夺秒拼搏的人，是不知道赶上心中的目标时的窃喜的。

不懂得何为欢乐的人，是不会真正知道别人为什么会那么快乐的！

子贡观于蜡。孔子曰：“赐也，乐乎？”对曰：“一国之人皆若狂，赐未知其为乐也。”孔子曰：“百日之劳，一日之乐，一日之泽，非尔所知也。张而不弛，文武弗能；弛而不张，文武弗为。一张一弛，文武之道也。”

——《孔子家语·观乡射第二十八》

一张一弛，文武之道也。

有紧张，有放松，这是文王和武王的做法。

我们呢？

应该怎样学会快乐呢?

24日下午是部门的庆祝会，班上有孩子参演，但我没有给家长发邀请函，原因很简单，年末，家长们实在忙不赢。家长若有空，我还是想真心邀请的。

25日晚上，班级联欢会，由班干部们自己组织，听他们汇报说，有很多的节目。离得近的家长们，若有时间，可来班上和孩子们一道联欢，更欢迎参演节目!

【学生日记】>>>

※伊健

张弛有度，文武之道，只有在紧张的同时进行一定的放松才是可取、有效的。人生就像一杯苦茶，没有苦，便没有那份甜。只有真正接受那一份苦涩，才会感受到那份甘甜。正如跌宕起伏的文章，没有曲折，便让人读来无味。过度沉溺就像久入鲍鱼之肆，臭而不闻。凡事都有一个适量，这应该就是老子所说的道，子思所说的中庸吧。

2016 年 12 月 22 日

分享有智慧

【妙如随记】 >>>

将自己最好的东西在合适的场景里分享。

一般的孩子，看到别人有，就伸手，让自己也有，这便叫作攀比。

高出一般的孩子，看到别人有，就想，他为什么会有，是怎样获得的呢？如果是向父母伸手，他暂时就不要了。这便叫作克制。

自己有，别人没有，这就会有吸引力。

别人有，自己没有，可能会有羡慕力。

若是物质的引力，这不是真正的吸引力。

若是人格的魅力，那才是真正的吸引力。

怎样才能产生真正的吸引力？

将自己最好的东西在合适的场景里分享——

什么是合适的场景呢？

有需要，就会合适！

有老师说，学生成绩差，他给学生补课，学生还是不听。我说，那是孩子不需要，不需要，你为什么要去补呢？

不想读书的孩子，不要劝他读书，要让他去体验生活，感受体力劳动。让他试着自己让自己有吃有住，慢慢他自然知道，不读书也可以有吃有住，但要实现自己高大上一些的理想，就还是要读书，读人，读自然。

有家长说，孩子不孝顺，让他操碎了心。我说，孩子不只是属于父母的，他更属于他自己，他还属于这个社会。我们很多父母将孩子看成是自己的私有产品，总是要他按照父母的旨意走，人又不是一个机器，他是有思想的。

大数据时代，有云端的出现和运用，有人说，他在家里也可以学习，不需要到学校了，是真的吗？

你一个人去练英语口语，对着手机，对着视频，与对着人是完全不同的概念。

为什么要合群，这是动物的需要，更是人的需要！

有这样一种年终分享会：

大礼堂里到处都是几案，每一个来参会的都将自己带来的东西陈列在上面，没有姓名，没有任何标签。

然后，大家一边联欢，一边品尝，偶尔闲聊时，会有意无意谈一些发财致富的门路。

分享会完后，还有很多没有动的东西，那些家里困难一点的，就将剩余的带回家。

有人问，都不带来，只想带回家怎么办？

听听家里富有的人的说法："我真心希望去帮助别人，但是，每一个人都有尊严，我不希望我的帮助是施舍。如果我将我的东西分享出来，别人喜欢，拿走了，我从内心里都是畅快的。"

那些家庭困难的人说："我们拿回来的，是希望。即使我们暂时很困难，我们还是看到世界上好人多，我们要努力创造财富，让家里富起来，然后去分享给更多需要的人。"

当然，也有只想着带回家的，这没关系。有人问一位高僧："都不想种田了，都想到庙里来当和尚怎么办？"高僧笑问："你孩子想考清华、北大，全班的孩子有多少想的？""谁不想呀！""是呀，但每年有多少能考上的呢？想，只是想而已，不会都那样去做的。"

只要自己是真心分享，这就是分享的真意！

【学生日记】>>>

※伊人

任何东西都需要一个循序渐进的过程，不能总以自己的标准要求别人，要慢慢引导。我希望我能意识到这一点。有太多人很优秀，导致我压力很大，我会努力将它转化为动力，也谢谢余果等人对我的帮助。

我觉得每个人都有自己的优点，所以当你看到别人有哪项技能而自己没有的话，你会想去学习。就比如我，我本来没有任何兴趣，因为其他三人的影响，让我开始了弹吉他。谢谢她们给我的鼓励，也感谢自己有这份去尝试的勇气。

妙如回复

伊人，老师曾听到一位老师和自己的孩子聊记单词。

他说，记单词不要太急，也不要太贪，譬如 perfect 这个词，首先只要记住它是完美的就够了。什么是完美的呢？per 是这个单词的前缀，表示到处，从头到尾，从始到终的意思，fect 是词根，表示做的意思，前缀和词根合起来就是“一直在做，就是完美的”。

我不曾思考他是否说得科学，但他小孩子却很快记住了 perfect。

伊人，可爱的孩子，你一直坚持，这本身就是完美的！

※小现

开会花掉了整个早自习。会议内容刚好是上述关于攀比与分享的内容，唯独没有提及上述关于读书的内容。当我读到补课这里时，我很有感触，因为以前我还在初中时，我周末的每一天皆被 7 个小时的课外班包围着。我认为那些课真的没有太大的必要，所以我再也没有去上那些补的课，现在我不一样过了中考这个坎吗？生活总是向前的，不是生活适应人，而是人探索自己想拥有的生活并且为之奋斗。

※英冬

自己有，别人没有，这就会有吸引力。

人和人没有高低贵贱之分，只是每个人的命运不同，而命运是可以靠自己的双手来改变的。只要你肯靠自己的努力来获取你没有的东西，那还有什么东西是得不到的呢？还有什么是奢望呢？

※浩涵

看来我以前都没有真正理解“吸引”二字，我只看到别人表面上的优秀，却没有发现别人内在的努力，我只是羡慕别人的成绩，却假装忽略晚自习后我们都躺在床上他们却还待在教室学习的刻苦。我也曾多次向余果同学请教过题目，我发现无论多忙，他都会停下手中的工作为我解答难题，也许这就是陶妈所说的“吸引”二字的真正意义吧。

妙如回复

当感悟到了之后，接下来就是落实。让自己具有吸引力，不仅仅有领先于他人的知识，更需要人格魅力。人格魅力是强大但不张扬，高雅却也能包容普通，言行一致且能坚守承诺，尊重他人在平时的一言一行。从细小处修炼起，每个人都会越来越具有吸引力！

※静宜

要在合适的场景里分享。以前的我从没考虑过这个问题，觉得只要懂得分享就是好的，也并不在意别人是否真正需要。就像陶妈举的这个例子，之前我也只是觉得每个人都必须要努力读书，即使他不想读也要逼着读。其实这不是真正的分享，不是真正的给予知识，因为他根本就不需要，他的人生是他自己的，既然想要帮助他就要让他从心里感受到读书的重要性。别人乐意接受的分享才是真正的分享。

※余果

分享不只是物质上的，更是精神上的。我就想起了陶老师的带团管理模式，分组管理，分组学习，成绩稍微好的同学分享学习经验，成绩稍微弱的同学则会一同进步，而他们所有人都会感受到分享的魅力，这真的是令人无法抗拒的。

※彭婷

看了“别人有，自己没有，可能会有羡慕力”这句话后，我想了很多。在班里，我一直都有压力，这种压力来自于别人有而自己没有的东西，我常常会羡慕别人学习效率很高，记单词速度超快，朋友圈很大等。仔细想想，这些都和个人的学习态度、人格魅力有关。在学习上我一直都没有信心，做事情之前总会想自己能不能做好这件事，常常得出的结论是我做不好，还是算了吧。人际关系上我显得很懒，不愿多去和别人交谈，觉得多一事不如少一事，少点麻烦对自己好，因此就保持着沉默寡言的状态，导致到现在自己的圈子也并不是很大。这些吸引我的，我应该去争取！

※思航

分享，在我看来，就是享受把自己的东西分给别人的过程。人类都有私心、利欲，且大部分人都会有“这个东西是我的，不能给别人的想法”。我也一样，之前总是会很在乎这些种种，自私地不愿去与不太熟的人交流、分享。但是来到同升湖以后，看法眼界都提高了不少。分享分享，分而享之……每次教同学做题后他恍然大悟的神情，每次给同学送东西吃时他津津有味的模样，雪中送炭的阵阵温情，都令我陶醉，分享，高尚之举也……

2016年12月24日

孩子，贵族是什么样的

【妙如随记】>>>

贵族，未必都有高贵的血统，但一定是——

无论世界多么变幻，都能不卑不亢，活出人的尊严、潇洒。

无论生活怎样沧桑，始终不改那骨子里的骄傲，不媚俗，不屈服，强大到可以平静地对待一切苦难。

富有时，能脱俗得像一朵出水芙蓉，能傲岸得像悬崖边的雪松，让人艳羡，使人倾慕。

贫穷时，又能像一朵盛开在沙漠里的玫瑰，像飘逸在南极洲上的冰山，让人折服，令人敬畏。

这才是真正的贵族，将生活活出了人应有的高贵。

这是我的感悟，孩子，你呢？

今天看到了《中华最美诗文选》2016年12月第2次印刷版，真的很美，其2016年6月刚第1版。

感谢所有给予支持的领导们，朋友们，学生们！

Take nothing for granted. Know that in life, the harder you work, the luckier you'll get. 没有事情是理所当然，要知道在人生中你愈努力，你就会愈幸运。

【学生日记】>>>

※静宜

贵族，不一定是外表上的美丽，但一定是骨子里的高贵，一定是从内而外散发出来的魅力，吸引别人，引领别人。

想要让自己成为贵族，必须从细节做起，所谓细节决定成败，同时也要懂得帮助、奉献。就像陶妈说的，让我们走过的地方没有一点垃圾，其实并不难，只是弯个腰捡了丢一下而已，但是能做到的人却屈指可数。很多人嫌麻烦，甚至有人觉得丢脸。虽然我这么说，其实我也没办法每次都做到……但是正因为如此，我才需要朝着这个方向努力，让自己充满贵族的芳香，活出自己的精彩。

※嘉骏

何为贵族？这个问题值得我们深思。贵族不同于暴发户，暴发户纯粹是用各种方式来表现出自己的富有。英国的一所著名的贵族学校——伊顿公学，让学生睡硬板床，吃粗茶淡饭，他们很有钱，但他们过得却比普通学校的学生更苦。这种贵族精神，从不与平民的精神对立，更不意味着养尊处优、休闲奢华的生活，而是一种以荣耀、责任、勇气、自律等一系列价值为核心的先锋精神。

一件所有人都耳熟能详的事件，泰坦尼克号沉没事故，一千五百多条生命离开了世界。但在当时，几乎是所有的男人将生还的希望给予了妇孺，而更容易逃生的船员遇难的比例高达76%，远远超过了乘客，因为从他们成为船员起，他们就贯彻了责任这一种贵族必备的精神。精神贵族不一定富有，富有之人不一定是贵族，而贵族精神，也绝不是用金钱就能买来的。

2016 年 12 月 26 日

今天是毛泽东主席生日

【妙如随记】>>>

有一套书，值得一读——《毛泽东选集》。有一本书，叫作《毛泽东阅点资治通鉴》。毛泽东将《资治通鉴》读了 17 遍，还评价说，每读一遍都能获益匪浅，它是一部难得的好书。

诗词是中国的特色，书法是中国的特色，毛泽东是书法家、诗词家，当然这些相较他伟大的建国功绩那只是生活的点缀而已，而就是这些花絮告诉我们，传承文化不仅仅是说出来，还要做出来。

今天室内升旗，升旗后，我加了一道程序，全体肃立，向毛主席三鞠躬。

2016 年 12 月 27 日

形散神聚——走班下的班主任

【妙如随记】>>>

55 班是一个由 50 多个孩子分为两个不同层次的班级组合而成的行政大班。我作为班主任，名下只有一个早读、一节语文、一节班会课。

学生英语课分层到了四位不同的英语老师那儿，数学、化学、物理分到两位不同老师那里，如此，国际部差不多一半以上的老师担任了我们的学科教学。

怎样定位走班下的班主任，怎样实施走班下的班级管理？当接到这个研究问题的时候，我脑子里就确定了一个思路：写散文，形散神聚。

怎样神聚呢？

我用自己总结的好班级锤炼的六个阶段，来小结这一个学期：

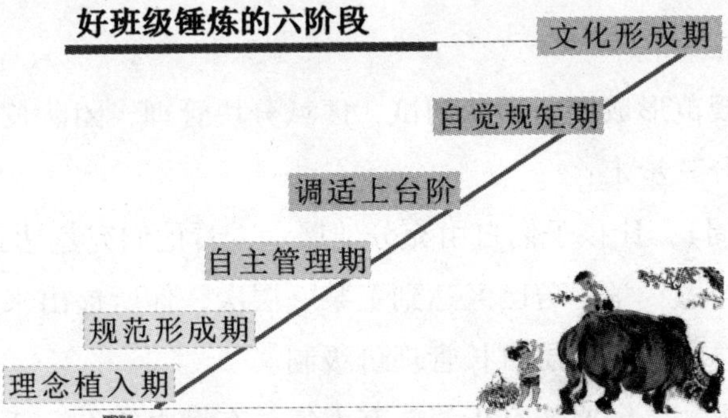

“三有”做领班：有目标，有条理，有主次。

学生如果一天到晚忙不赢，效果（成长效果）又不好，不是学生的原因，是班主任的原因。

开学一周为理念植入期。

为自己一生奠基：做一个会欣赏、有分享的人。

会用眼睛看美好，能为国家和世界做出贡献。

你从哪里来，你要到哪里去？你想做什么？你将用怎样的方式？

做好班级规划、学生规划。

例如，55 班 8 月 31 日的日记“跟努力的人在一起，懒人都会变勤奋”。

放手做领班：你就是班主任。

班主任是学生的精神领袖。每位任课老师都是班主任，家长也是班主任。班长就是班主任，可以实行团队长责任制。

这里引用小现 9 月 21 日的日记“率领并引导他人的人”。

今天下午的特色课程是陶老师讲“《易经》与领导力”，我认为其中的重点为：一个有领导力的人从来不会事事亲力亲为，也不会越俎代庖，而会让他所属的下面一层的人接受并传达指令，做主的人只要坐镇中央顾全大局就行了。同时，身为一个领导人，不要把所有事情的好处霸占了，而要留点给后来的人，这样可以达成和谐的关系。这些我觉得我都还没有达到，要往这一方面努力。

今天的卫生状况良好，小组每个成员尽职尽责，地面打扫后不会有垃圾残留。

第一个月为规范形成期：团队初试，区域分块管理，团队长任命。

规范形成期分三步走：

第一步（一周），让孩子们自由充分地展示，看他们究竟达到了哪一层次。

为什么要这样做？学生若已经达到了某一层次，你所提出来的方案就没有什么推动力。确定总班长、分层班长管理班级制。

在选人的时候，一定要选有正气、有大气、有潜力的人。任命久盛为第一任总班长，静宜为副班长，余果、文钦分别为一层、二层班长，伊人、彭婷为学习委员，嘉骏为卫生委员……

久盛在初中时，没有做过班干部，欣喜的是，他能常与我交流……

第二步（两周），根据学生自由展示下的状况，与所发现的可以成为第一批班干部的学生交流，给他们提出要求，制订方案。

第三步，如果学生的方案、方式、效果都还没有达到班主任现有的境界，班主任组织学生讨论，形成高标准的班级管理方案。

确定了标准，就等于确定了方向。当然，制订后，一下子可能达不到，达不到就调整。习惯很难形成，养成一种优秀的习惯是需要等待的。

加强与学科老师的沟通，给学科老师提要求：这一学期主要是英语，其次是数学、化学。

在学生面前，大力推荐学科老师的优势。

各个击破是技术，也是艺术，全线攻破，根本攻不破！

三招做领班：微笑，厚脸皮，拼命。

第二个月为自主管理期：混合式团队管理，组队方式为自选。

根据师生共同研究形成的班级管理方式，班干部负责督查，团队长负责落实。

班主任始终微笑着面对每一个学生，让每一个学生感受到微笑的力量。

一个小故事：大休后，一个学生对他父亲说不读书了，父亲问他为什么，他回答说，温柔也是一把刀。

反复是正常的，犯错也是正常的。我们成人尚且不断犯错，何况孩子呢？

看人做领班：不逼你，慢慢走，我陪你。

什么叫作因材施教？不同的材料，有不同的作用，要给予不同的建议。两个月之后，每一个学生的基础、潜力基本上都完全展示出来了，如何让优秀的更优秀，让暂时不优秀的也出类拔萃起来？

第三个月，调试上台阶：团队同层重新组合，分层方式为自分。

加强与学科老师的沟通，再次给学科老师提要求：这一学期主要是英语，其次是数学、化学。

各个击破是技术，也是艺术，全线攻破，根本攻不破！

第四个月，自觉规矩期，文化初步形成期。重新组合混合式团队，组合方式为自走。

例如，55 班 12 月 14 日的日记“你追我赶的氛围是这样形成的”。

有人问：“班级你追我赶的学习氛围是怎样形成的?”

我答：“是班干部的带动，是同学之间互相追赶形成的！”

因为干部同学的强大凝聚力，班级基本上达到自主管理。

一个班主任带出来的学生，他们尊敬你，信任你，却不依靠你，个个可以独当一面。当他们不需要班主任直接管理班级，而在特别关键时又来咨询你的时候，就是孩子真正长大的时候！

长远当领班：学会感恩，学会反思，学会高贵。

例如，55 班 12 月 24 日的日记“孩子，贵族是什么样的”，以久盛为代表的《感恩老师》，节日后余果的反思。

【学生日记】>>>

※小现

一层的几名同学“偷跑”现象越来越严重了。比如说今天下午的数学课结束后，久盛询问我两张英语试卷是否完成，我回答他写完了一张。我那时知道他会说我“偷跑”，所以我朝余果所在的方向示意，并对久盛说，余果两张全写完了。

归根结底，“偷跑”实际上是相比于其他人更好地把握了用来学习的时间。

2017 年 1 月 1 日

关于大数据、友情、师生等话题的作文

【妙如随记】>>>

写字，是不要刻意去练的，只要用心写就能写好。

写文，是不需要老师教的，只要大量阅读经典文章就自然有想写的冲动，然后心里怎么想，就怎么写下来。

写书，就更容易了，天天坚持写，累积起来就是书稿了。

生活在说说写写中精彩，思路在想想说说中开阔，逻辑在写写说说中严谨。

你想怎么写，就怎么写——

文章写完后，要理一理写作经历，互相阅读，互相点评。

和学生一道欣赏了海明威获诺贝尔文学奖的致辞。

推荐了两篇文章：《2017 年中国国际国内经济走势与问题（深度）》、《柳传志：我的复盘方法论》。

【学生日记】>>>

※余果

刚开始写作文时，思路还比较清晰，因为我对这个话题很有兴趣。第一天我就写了几百字，但是我发现，如果只靠自己的知识量，肯定是不够的，于是我开始找资料，翻了百度百科，翻了贴吧，但是又发现，还是差了些什么，于是我就翻英文版的维基百科，为了翻译准确，我查了很多单词。我从看过的一本书中挑了一段经典的段落，然后进行扩写、改编。大概的草稿样本已经写完了，于是开始审查。我将自己的作文编排了一下，改变了顺序，然后加入了很多的连接句来使文章连贯。

这是我第一次写这类文章，如有不足，请多多指点。

【家长留言】>>>

※家长余功

有幸拜读了各位小写手对于世间百态的部分看法和理解，很为陶老师感到荣幸，不夸张地说写得都不错，已经超出了这个年龄和这个学习阶段的见识与理解，应该说“名师出高徒”。

在余果的这篇大数据中我觉得可以增加几点，仅供参考。

需要补充全世界范围内大数据的应用案例。例如，亚马逊、阿里巴巴、Facebook 以及赌城拉斯维加斯等就是利用了大数据的分析，为企业的发展提供了快速准确的战略依据，也让亚马逊和拉斯维加斯及时走出了困境。

同时，在目前“互联网+”和“+互联网”的时代，无论是产品的设计、价值、品牌推广，还是消费行为的分析，各企业都在百花齐放地获取大量的数据，并在其中寻找商机，企图基业长青。

在这个幸福而复杂的年代，快速发展和快速淘汰的时代，大数据越来越重要，也是各大企业间并购和大规模收购的推手。

孩子们通过对生活的观察和感悟、大量的阅读，获取更广泛更深层的信息，体现了国际部同学良好的自适应能力，而这种能力将是未来人才的重要能力之一。祝愿同学们越来越好，越飞越高！

借此机会祝老师和同学们新年快乐！

※家长艳冰

这篇文章颇有深度，在信息化时代能帮助我们理解互联网带来的翻天覆地的变化。未来世界更是数字信息化的世界，未来什么样由你们主宰！

2017 年 1 月 4 日

标准要科学才是标准

【妙如随记】>>>

标准需要科学、严谨、适宜，才可能成为标准。写作也有标准，写毕业论文更有标准。

平时写作，我给学生的参考标准是：说真话，艺术地说话，说能给人启示的话。

用标准语言概括：真实性，艺术性，哲理性。

所谓艺术性，是在技术性的基础上呈现出自然之美的特性。

孩子们毕业，最难的不是适应环境、适应生活，而是完成高质量的论文写作。怎样写论文，这是要教的。学术诚信是首要。所述要有自己独特的思想，观点是论文的灵魂。

初步的论文指导目标：学术诚信，学会收集、阅读资料，提炼出有自己思想的观点。

今天早读，与国际部高二年级学生谈文章（写作），谈人章（规划）。

重点聊了文钦的文章——《经营与管理论》。

看这篇文章我用了近三个小时。

我将每一段都输入百度，于是跳出来一串的文章，我将这些文章逐一阅读，看看他文章的来路。

几十个字几十个字的检索，发现，他这篇文章是许多篇文章的组合。

我没有马上打分，而是找文钦谈松下幸之助——松下电器的董事长。听他聊自己的偶像。

文饮侃侃而谈，滔滔不绝，从松下公司到他的家庭，从他对公司的经营管理到家庭的建设、对儿子的培养，还谈到比尔·盖茨，谈到……

最后，文钦说："用发展的观点对待一切事物和人，这样才能做好经营与管理，这一点很重要，对我以后的创业和管理特别有用，这就是我向往的。我现在努力地学习，力争像松下幸之助一样的伟大。我想成为中国的经营之神，有属于自己的品牌公司，这就是我的梦想，也是我坚持下去的一种动力。"

听完后我说："如果你将刚才和老师聊的内容写下来，不仅会是一篇 A+的论文，还将是一篇里程碑式的文章，新一代中国的经营之神在同升湖在国际部在55 班是这样修炼自己的。"

写论文就像松下玩电器一样，要有自己的灵魂，自己的核心，自己的创新点，才会有生命力。不能盗版。在学术界，这叫作学术诚信。我们国际部的学风操守第一条就是：学术诚信。

所谓学术诚信，引用之语要标明出处，这是给别人尊重，也是对知识的尊重。学术论文不能超过 7%的引用内容，如果是组合之文，要用自己的思想贯穿，要有自己的灵魂，要用自己的语言表达。当然，也可以转化，叫作化用。

譬如，余果文章的结尾：这个时代需要进步，需要继续发展，需要大数据的处理速度，需要计算机的"极端计算"。借用《双城记》中的模板，我得出了这么一句话：这是一个舒适的时代，也是一个辛苦的时代。这是一个安全的时代，也是一个危险的时代。It is the epoch of comfort，it is the epoch of busy work. It is the times of peace，it is the times of danger.

这个化用就很有创意！不是"这是一个最好的时代，也是一个最坏的时代"的照搬，而是给人有一种更形象、生动，更精辟、透彻之感。

譬如，游戏论、科技发展史、大数据论、战争论、美食论、友情论等，各有思想，各具特色……

读静宜的《亲情论》，我眼睛都湿润了………

当然，值得提醒的是，写论文和写记叙文有区别，偏理性的产物，当然不排除故事，但故事成分要精简。怎样精简呢，将一个故事提炼成一句话。

【学生日记】>>>

※静宜

关于之前写的那篇《亲情论》，陶妈在和我们交流时说读得眼睛都湿润了，我便安心了。让读者“感同身受”是我的目的之一，因为只有与文章、与作者产生了共鸣，才能真正有所体会、有所领悟。虽然我在写的过程中并不知道自己有没有把它当作一篇论文来写，但是一点一滴都是真情实感，希望每个读过这篇文章的人都能看进心里去。唯有珍惜，才不会后悔。

※文钦

我对经营这方面很有兴趣，我觉得松下幸之助的这句话说得好，他说唯有懂得欣赏别人的长处，才能领导更多的人。这和陶老师的“会用眼睛看美好”是一样的。我是一个领导力不错的人，我知道他们在想什么，知道他们各方面的长处。我不只是对松下幸之助这个伟大的经营之神感兴趣，当然还有一个值得我去欣赏学习的人，那就是洛克菲勒，超级资本家，美孚石油公司的创办人，被世界公认为石油大王。我去看了洛克菲勒给孩子的38封信，感触特别多，这些信是写给孩子一生的思想的精华，包含了一个父亲对孩子殷切的希望与切实的指导，既可以作为给即将创业的青少年们的财富战略，也将帮助所有渴望成功的普通人找到自己人生的方向。这就是我去了解他们、去学习他们的原因，他们不仅仅是经济家，还是一个国家发展的中心。我希望将来也像他们一样，打造一个属于自己的经济王国，做一个慈善家，去帮助那些贫困的人，因为有太多的人需要帮助，因为他们也有梦想，也要去创造自己的天堂。这就是我坚持下去的目的。谢谢陶老师对我的信任，从您这里我学到了怎样去激活身边的人。

2017 年 1 月 8 日

致可爱的孩子们的爸爸妈妈

【妙如随记】>>>

尊敬的孩子们的爸妈，我的同事：

您好，一学期来，我与您同行，陪伴着孩子们笑、跳、玩、学。临近放假这段时间，我一直在回忆，回忆开学，回望国庆放假、第二次大休，回想孩子们的每一个早早晚晚，他们的一点一滴……

和孩子们在一起的时间，在这一阶段，我比您更多，也就珍藏了更多一些珍贵的场景、感人的细节……

每天清晨，我坐在教室右角桌前，孩子们一个一个走上前，问候：陶妈，早上好！外加一个非常自然的微躬姿势……

在教室，下课了，孩子们会给我捶背，有澧、嘉骏等，还会有人偷拍，然后做一些美化传给我。

我将照片发给我的女儿，她回二字：真好。

当孩子们在咖啡角做点心的时候，我路过，有孩子会用竹签挑着一小块一小块甜饼用右手喂到我口中，左手竟会做着接的姿势，还会有孩子说："陶妈，等一下下，就一下下，我们专给您烙一块……"

当回想起这些的时候，作为老师，有生如此，夫复何求？

如果只是对我这样，这是不够的，他们对待其他老师也都是一样的。任课老师都给予了他们较高的评价：孩子们情商很高！

学会了做人，这是我们应为孩子们欣喜之一。

学会做一个对社会有用的人，这是我们应为孩子们欣喜的缘由之二。

有孩子问我："老师，学习真的有用吗？我不读书，照样可以赚钱、做董事长！"

我回答："这个问题，《子贡问学》的故事可以给你提供参考。"

孩子说："你总是拿古代的例子，这是经典，也是历史，今天可有例子？"

我说："李嘉诚的大儿子李泽钜，1985 年毕业于美国斯坦福大学，获土木工程学士学位、结构工程硕士学位，现在是——

"他的二儿子李泽楷，美国斯坦福大学电脑工程系毕业，现在是——

"不是读了书没有，而是读少了书，起不了什么作用。"

于是，有人问："班级你追我赶的学习氛围是怎样形成的？"

我答："是班干部的带动，是同学之间互相追赶形成的！"

开学授课 12 周后，一层部分学生自愿报考了雅思，有 8 名同学超出了正常水平。国际部张修明主任给予了高度评价，并用数据做了专业分析。以伊人为例，伊人获得 6 分的雅思成绩，这按国际标准需要完成 400 多个课时，而她只用了 100 多个课时。

所有的进步，都是相对孩子自己来评价的，而进步的幅度大小则是由同伴作为参照形成的。

学会了向做一个有高雅情趣的人的方向发展，这是我们应为之欣喜之三。

我们 55 班有足球队！

我们还有班级的器乐队，他们为给我们传授"第一桶金"获得诀窍的家长进行了汇报弹奏。

晚自习后，他们在弹琴！

学会了有创意地吸收优点，又能分享自己的优点，这是我们应为之欣喜之四。

下课，孩子们会向口语很好的英冬请教。

他们会和外籍学生自然地沟通，深度地融合，而不是单纯地利用。

在国际部张修明主任的策划下，我们开设了家长讲坛，孩子们非常好奇地油然生敬地聆听家长们倾囊相助的精神大餐。

孩子们考完雅思后，将自己的初试体验分享出来，给同学以后做参考。

总之，培养孩子们的生活能力、学习能力和领导能力，让他们会用眼睛看美好，引导他们成为能为家庭、国家和世界做出贡献的人，是我们作为班主任作为老师在用心做的事情。而这“三力一会一能”，和“万能三招——微笑、厚脸皮、拼命”一样，是孩子们熟知明了的。

尊敬的家长，1 月 12 日，我和班上邓老师将陪 25 个孩子去大洋彼岸赏读异国风情，2 月 14 日返回长沙，同行的还有梅老师班和张老师班的孩子。微留学的孩子，每天都会用眼睛去欣赏美好，发现特别，为完成美国教育考察报告收集素材，也会坚持写下不一样的痕迹——

在家的孩子，他们需要背诵《最美论语》中的英文内容。一部分孩子还要录制中英文音频，另一部分还要自学全英文版的《微观经济学》。当然，他们还有最大的功课，陪您一道走亲访友，学会与人沟通、交往、分享，去当老师，在寒假里为家族亲友的小孩做辅导。

下个学期，我们要开设与国外对接的课程，请您为孩子配一台稍微好一点的电脑，出国时也可用。

最后，再次感谢您的理解，感谢您对班主任工作的支持！有您一道相伴，这是我最大的幸运！

谨祝冬安！

班主任：陶妙如上

2017 年 1 月 8 日

后记

让感恩成为一种习惯

所有的获得，都是时代的赠予。

《心界》、《丈量》得以付梓，感恩孙培文校长让我兼任了这个班的班主任，使我有缘相遇了这批学生。

感恩张修明主任的信任与支持、策划与指导，让我和学生能够自主地探究我们最佳的学习、生活、成长的样式。

感恩邓珂、吴霞薇、何康、刘念、吴婷、朱凤林、谭淋文、李晓彬、陈海平、龚艳琼、陈佩、何晔娟、胡婷、尹瑜林、吴晴、彭婷、贺婷、谢云、刘星、张丹丹、周甦、罗思颖、江明慧、黄迪龙、陈卫华、陈海凤、胡汉华、周邓龙、刘清丽、王赛艳、熊雪英、赵丽娟、兰宪文、蒋新建、张海霞、刘美霞、陈太平、刘晓华、梅平、张修明以及外教等所有为55班孩子奉献着的老师们，是您智慧的陪伴，让我们的实践探究颇有成效，孩子们各具特色，与众不同。

感恩“让爱智慧——陶妙如教育工作室”的所有专家名师们，因你们的支撑，使许多操作领先有痕。

感恩一直关注着这群孩子成长的蒋健文、张明之、黄勇、甄和平、徐科、张轩、李庄严、张斌、陈鹏、王芳、熊波、孙毅文、杨银香、孔欢欢、谢立英、谷金瑛、薛建荣、姚丽君、黄河明、杜典宏、张仁武、汤正和、朱元英、李清江、向赞勋、刘贤宏等学校的老师和领导们。

感恩55班所有的孩子，是你们发现了自己，挖掘了自己，塑造了自己；是你们的创意、你们的努力，你们利用节假日，利用课余时间，一遍一遍，反反复复，才有今天的成绩。从你们的成绩里，看到了你们的生活能力、学习能力、领导能力。你们有了独立性、责任感，经历了磨砺，学会了尊重，有了敬畏。我们老师因你们而精彩！感恩所有我曾相遇过的孩子们！

感恩55班、61班、77班以及国际部的所有孩子的家长，因为您的修养，您的信任，您的理解，您的扶持，您的参与，让我们的记录丰富多彩。

感恩湖南教育出版社总编辑刘新民先生。

感恩湘潭子敬慈善基金发起人，您说，好的教育应该分享给更多的人，让更多人获益。您购书万册，捐赠给湖南部分贫困地区的老师们，您的善举会鼓舞我们的老师，也会鼓舞我们的学生，更会鼓舞在精心做教育的人们。

感恩褚娅妮、茹庆全、薛建国等集团领导的关怀与扶助。

感恩安博教育集团董事长，北京华侨科技创业者协会会长黄劲先生，感恩您为此套丛书作序，并作推介。我们定不负您的期望，努力成为能为家族、国家和世界做出贡献的人！

感恩所有关注着我们成长日记的人们！

生命永恒，感恩永存！

我们会带着感恩继续前行。

陶妙如